Herdfeuer & Legenden

Piratenschmaus

Karibische Küche, Helden und Mythen

Herdfeuer & Legenden

Piratenschmaus

Karibische Küche, Helden und Mythen

OTUS

Francis L´Olonnois - Fisch, Fleisch, Geflügel und Gemüse

Fisch

Fleisch

Geflügel

Gemüse

Anne Bonny - Desserts, Süßes, Marmelade und Gelee

Desserts und Süßes

Marmelade und Gelee

Benjamin Hornigold - Torten, Kuchen und Gebäck

Torten

Kuchen und Gebäck

Blackbeard - Flüssiges Gold und ´ne Buddel voll Rum

Flüssiges Gold

Vorwort

In den Häfen von New Providence, Port Royal und Tortuga werden alle nur erdenklichen Waren umgeschlagen. Es handelt sich dabei jedoch nicht um herkömmliche Handelsware. Meist ist es Beutegut der zahlreichen Piraten, die dort ihr Unwesen treiben. In den berüchtigten Spelunken und an manch finsterer Ecke werden die exotischsten und wundersamsten Speisen feilgeboten. Überall wird gefeiert und getrunken. Ein- und auslaufende Schiffsbesatzungen treffen sich heute vielleicht ein letztes Mal, und auch in den Etablissements der sinnlichen Freuden herrscht reges Treiben! Schlimme Lieder werden gesungen, hier und da wird ein Zwist mit unlauteren Mitteln ausgetragen. Nicht jeder wird auch diese Nacht der Ausschweifungen überleben. Tauch mit deinen Freunden ein in diesen Moloch der Reize und des Abenteuers! Tafelt und schlemmt hemmungslos, als ob es kein Morgen gäbe und lasst ab von jedwedem Zögern und Zaudern! Auf dass der Rum niemals zur Neige gehe, die Nacht kein Ende finde und der Henker keinen Lohn!

Verhöhnend droht' ich dem Piraten,
in wildem Kampfe hofft' ich Tod.
„Hier", rief ich, „zeige deine Taten!
Von Schätzen voll sind Schiff und Boot!"
Doch - ach! - des Meers barbar'scher Sohn
schlägt bang das Kreuz und flieht davon.

(Richard Wagner, Der Fliegende Holländer)

Die Karibik

Die erste Besiedlung der karibischen Inseln fand schon ca. 3000 v. Chr. durch die Ciboney-Indianer statt. Danach wanderten die Arawak-Indianer in Etappen ein, darunter die Taino, die Jamaika, Kuba und Hispaniola besiedelten, die Borinquen, die nach Puerto Rico auswanderten, und die Lucayan, die die Bahamas für sich beanspruchten. Sie entwickelten eigenständige Kulturen und betrieben Handwerk und Ackerbau. Vermutlich um 800 v. Chr. ließen sich die nachfolgenden, kannibalischen und kämpferischen Kariben auf den Kleinen Antillen (Ost- und Südkaribik) nieder. Sie eroberten später eine Insel nach der anderen, töteten und aßen ihre männlichen Feinde, raubten deren Frauen und Kinder und gliederten sie in ihre Stämme ein. Um 985 nach Christus landete Bjarne Herjolfsson auf dem Weg nach Grönland in Nordamerika. Als Christoph Kolumbus 1492, auf dem Weg nach Indien, auf den heutigen Bahamas landete, wurde er von den Tainos als der von den Göttern prophezeite Retter willkommen geheißen. Er folgte deren Berichten über Gold, strandete mit seinen Schiffen auf dem heutigen Haiti und versuchte an mehreren Orten, Siedlungen aufzubauen. 1496 trugen seine Versuche Früchte und die erste Hauptstadt, Santo Domingo de Guzman, wurde gegründet. Seine Ankunft in Amerika besiegelte letztendlich den Untergang der dort lebenden, friedliebenden Tainos. Sie wurden versklavt und durch Krankheiten, Gewalt und Gier nach Gold fast ausgerottet. 1533 fand ein blutiger Aufstand statt, danach bekamen die letzten 500 Tainos von den Spaniern ihre Freiheit zurück.

Spanien, Frankreich, England und die Niederlande lösten einander als Kolonialmächte ab. Die Zuckerrohrplantagen wurden immer größer und es wurden Sklaven aus Afrika auf die Inseln geholt. Zunächst lagen die Kleinen Antillen St. Vincent und Dominica für die Kolonialmächte nicht günstig, boten aber einen Unterschlupf für geflohene Sklaven. Mehrmals strandeten Handels- oder Sklavenschiffe vor St. Vincent. Die Bevölkerungsgruppen mischten sich und es entstanden, außer den Inselkariben, die Garínagu. Diese entwickelten eine einzigartige Kultur mit eigener Sprache. Zwischen den Gruppen gab es immer wieder Auseinandersetzungen. Dies führte zu einer örtlichen Trennung. Die damals dort lebenden Franzosen machten ihren Einfluss geltend und es kehrte Ruhe auf der Insel ein. 1763 verloren die Franzosen den Anspruch auf St. Vincent an die Engländer. Dies löste den ersten und den zweiten Karibischen Krieg aus, aus dem die Umsiedlung der Garínagu nach Spanisch Honduras, Nicaragua, Belize und Guatemala folgte. Noch heute leben ihre Nachkommen dort.

Piraten

Seit es Seefahrt und Seehandel gibt, gibt es Piraten, also schon seit über 3.000 Jahren. Seit es kostbare Handelsschiffe gibt, werden diese auch von Piraten bedroht. Das Wort leitet sich vom griechischen „peirates“ (Angreifer) ab. Heute sind Piraten, bis auf wenige, z. B. an der afrikanischen Ostküste, aus den Weltmeeren verschwunden. Piraten waren unabhängig und überfielen Schiffe aller Nationen. Mit der Entdeckung Amerikas begann die Blütezeit der Piraterie. Zwischen dem 16. und dem 18. Jahrhundert bedrohten Piraten die Handelsrouten zwischen Europa und der Neuen Welt, hier insbesondere die in der Karibik und die Seewege nach Indien. Besonders lohnend waren dabei die reich gefüllten spanischen Galeonen voller Gold und Silber aus der Neuen Welt oder Ostindienfahrer mit ihren damals sehr kostbaren Gewürzen.

Freibeuter

Freibeuter waren mit einem so genannten Kaperbrief ausgestattet. Dies war ein Dokument, das eine Regierung einem Privatmann ausstellte, der dadurch zur Kaperfahrt berechtigt wurde. Dadurch hatte der Kaperkapitän das Recht und den Auftrag, Schiffe einer meist feindlichen Nation zu kapern (entern) oder zu versenken. Er handelte dabei offiziell im Auftrag des ausstellenden Staates. Zugleich wurde dem Kaperfahrer Schutz in den Häfen der ausstellenden Nation zugesagt. Im Gegenzug musste der Kaperkapitän einen Teil der Beute, der so genannten Prise, an den ausstellenden Staat abführen. An Bord wurde der Beuteanteil nach einem zuvor festgelegten Schlüssel verteilt.

Korsaren

Korsaren sind Piraten und Freibeuter an der Küste Nordafrikas vom 16. Jahrhundert bis Anfang des 19. Jahrhunderts. Der Name leitet sich vom lateinischen „cursus“ (Beutezug) ab. Die bekanntesten Korsaren waren die Barbaresken, die von ihren Regierungen ermächtigt waren, die Schiffe christlicher Länder anzugreifen und zu plündern. Ebenfalls bekannt waren die maltesischen Korsaren, die gegen die Barbaresken kämpften, autorisiert von europäischen Regierungen. Die Korsaren operierten hauptsächlich im Mittelmeer, später auch bis an die französische und englische Atlantikküste. Dort überfielen sie auch Siedlungen und entführte zum Teil ganze Dörfer in die Sklaverei.

Bukanier

Die Bukanier waren Seefahrer, die zwischen Freibeutern und Piraten einzuordnen sind. Bukanier-Schiffe hatten als Eigner Gouverneure (z. B. denjenigen von Jamaika) und Aktionäre, während Piraten selbst Herren über ihre Schiffe und Freibeuterschiffe Eigentum der jeweiligen Landesherren waren. Die Bukanier attackierten den spanischen, französischen und holländischen Schiffsverkehr zwischen den karibischen Inseln während des späten 17. Jahrhunderts. Ursprünglich waren Bukanier-Schiffsmannschaften größer und besser gerüstet für Angriffe auf Küstenstädte, da sie ausgezeichnete Musketenschützen waren. Sie beschränkten sich darauf, die Karibik unsicher zu machen. Die Bezeichnung ist vom französischen Begriff „boucanier“ abgeleitet, was so viel wie „Fleischräucherer“ bedeutet. Der französische Begriff kommt als Lehnwort von dem Wort „bukan“ aus einer Indiosprache und beschreibt eine Art der Fleischzubereitung der Indios, welche die Bukanier übernahmen. Englische Siedler, die Jamaika besetzten, sorgten für die Verbreitung des Begriffs „Bukanier“ als Bezeichnung für diese Art von Piraten.

Hochburgen und Inseln

Tortuga

Tortuga, die Schildkröteninsel, war im 17. Jahrhundert von den Spaniern besetzt. Die Insel liegt in der Nähe von Haiti und bot zu dieser Zeit zahlreiche Verstecke. Um 1625 zog es entflohene Sklaven, Arbeiter, Seeleute und Deserteure zu dieser Insel, in der Mehrzahl Franzosen. Sie ernährten sich von der Jagd und dem Handel mit geräuchertem Fleisch, das sie in Rauchhäusern, den Boucan, herstellten, und wurden auch „Bukanier“ genannt. Sie waren durch die Jagd im Umgang mit Waffen geübt. Zu den Franzosen kamen Engländer und Holländer hinzu, es bildete sich zunächst ein loser Verband, der sich „Brüder der Küste“ nannte. Sie begannen, spanische Handelsschiffe in Küstennähe und später auch auf dem Festland zu überfallen. Die Piraterie wurde lukrativ. England unterstützte die Bukanier zunächst, stellte ihnen Schiffe und Kaperbriefe aus und ließ sie spanische Schiffe und Kolonien angreifen. Doch es zeigte sich, dass die Bukanier eigenwillig in ihren Entscheidungen waren. Sie plünderten auch Schiffe der Franzosen und Holländer und machten Port Royal auf Jamaika damit zu einer reichen Stadt. Ob Frieden oder Krieg zwischen England und einem der anderen Länder herrschte, interessierte sie nur am Rande. Tortuga war berüchtigt für die dort schwelenden Unruhen. Ein Gouverneur kam auf die Idee, für Ruhe zu sorgen, indem er Freudenmädchen auf die Insel schickte. Als eine Amnestie für die Unruhestifter ausgesprochen wurde, verloren die Bukanier die Unterstützung Englands. Sie sollten sich niederlassen, ihnen wurden Posten angeboten. Viele Piraten nahmen die Möglichkeit, ein normales Leben zu führen, an. Der Rest wurde, sobald man sie fasste, mit aller Härte bestraft.

Port Royal

Port Royal, die frühere Hauptstadt Jamaikas, wurde 1655 von den Engländern erobert und zum Stützpunkt, über den sie die Handelsrouten kontrollierten. Die zuvor arme Bevölkerung erlebte einen enormen Aufschwung. Angehörige verschiedener Berufe ließen sich in Port Royal nieder, und in kürzester Zeit wuchs die Anzahl der Einwohner auf bis zu 7.000. Die Bewohner besaßen Wohnungen in vierstöckigen Ziegelbauten, handelten und zahlten für Waren mit Münzen, was damals noch nicht selbstverständlich war. Über die Hälfte der Bewohner waren Piraten. Die Stadt lebte auch von ihren Tavernen, Bordellen und dem Rumhandel. Die Piraten brachten in Port Royal ihre Gewinne durch; die Stadt galt als eine der reichsten und sündhaftesten der Welt. Das fand am 7. Juni 1692 ein Ende, als zwei Drittel der Stadt durch ein Erdbeben mit Mann und Maus im Meer versanken. Die Piratensiedlung wurde zum größten Teil vom Meer geholt; und es nahm das Grab des berühmten Sir Henry Morgan gleich mit.

Nassau (Hauptstadt Bahamas)

Anfang des 18. Jahrhunderts war der Pirat Cap´n Thomas Barrow der „Anführer“ der Stadt Nassau. Zu manchen Zeiten ankerten über 500 Piratenschiffe im Hafen von Nassau. Blackbeard und andere Berühmtheiten gingen hier ein und aus. 1718 wurde der ehemalige Freibeuter Woods Rogers von der englischen Krone eingesetzt, um gegen das Versprechen einer Generalamnestie seine ehemaligen Kollegen zur Aufgabe und Annahme des Christentums zu bringen – oder sie zu vertreiben. Die Piraten sollten sesshaft und ehrliche Christen werden. Damit war das Goldene Zeitalter des Piratentums endgültig besiegelt.

Sir Francis Drake

Sir Francis Drake und Kapitän Hawkins waren ursprünglich für den englischen Sklavenhandel zur See zuständig. Eine spanische Flotte vernichtete 1568 in San Juan vier ihrer Schiffe, die beiden entkamen nur knapp. 1572 rächte sich Drake und plünderte in der Karibik die spanische Stadt Nombre de Dios. Damit erhielt er von den Spaniern den Namen El Dragón. Die Beute lieferte er bei Königin Elisabeth ab und wurde von ihr mit weiteren Kaperfahrten beauftragt. Als er den 1575 geschlossenen Frieden mit Spanien missachtete, fiel er in Ungnade und wurde als Pirat eingestuft. Zwei Jahre später, wieder im Besitz der königlichen Gunst, segelte er wieder auf den Weltmeeren auf neuen Kaperfahrten. 1596 starb er bei Portobello (heute Panama) an einem Fieber. Sein Schiff „Golden Hind“ wurde eine Zeitlang in England aufbewahrt, später vernachlässigt und um 1662 beseitigt. Sein Nachbau, die „Golden Hind II“, kann in London an einem Dock der Themse bewundert werden.

Melonensuppe Patamona

(4 Portionen)
1½ kg Wassermelone
4-6 cm frischer Ingwer
300 ml Joghurt
300 ml Kokosmilch
Saft von 2 kleinen Zitronen
1 milde Chilischote
Salz
etwas trockenes Zitronengras
1 Messerspitze Korianderpulver
1 TL Orangenschale (frisch oder Backzutat)
4 Stängel Minze

Die Melone vierteln, das Fruchtfleisch aus der Schale lösen, würfeln und die Kerne so gut wie möglich entfernen. Den Ingwer schälen und reiben, mit der Melone in eine Schüssel geben. Den Joghurt hinzufügen und pürieren. Nach und nach die Kokosmilch und Zitronensaft nach Geschmack hinein rühren und absieben. Die Chili waschen, trocken tupfen, halbieren, entkernen, sehr fein würfeln zur Suppe geben. Die restlichen Gewürze dazu geben und mindestens 1 Stunde kühlen. Vor dem Servieren die Minze waschen, trocken schütteln, die Blättchen abzupfen und in Streifen schneiden. Die Suppe aus dem Kühlschrank nehmen, mit dem Pürierstab schaumig rühren, in 4 Schalen füllen und mit Minzstreifen bestreut servieren.

Golden Hind
(Passionsfruchtsuppe)

(4 Portionen)
20 Passionsfrüchte
100 g Zucker
½ Vanilleschote
(längs halbiert)

2 TL gemahlene
Gelatine
einige Blättchen
Zitronenmelisse
(oder Minze)
100 ml Joghurt

Die Früchte halbieren, entkernen und den Saft auffangen. Saft und Fruchtfleisch durch ein Sieb mit dem Löffelrücken in einen Topf streichen. 225 ml Wasser, den Zucker und die Schotenhälfte dazu geben, unter Rühren aufkochen, vom Feuer nehmen und gleichmäßig mit der Gelatine bestreuen. 3 Minuten quellen lassen und mit dem Schneebesen gut mischen. Das Ganze sofort durch ein feines Sieb in eine Schüssel streichen, unter Rühren abkühlen und über Nacht in den Kühlschrank stellen. Zum Servieren auf 4 Teller verteilen, mit dem Joghurt und der Melisse garnieren.

Kokos-Shrimps-Suppe

(4 Portionen)
2 Würfel Gemüsebrühe
6 Knoblauchzehen
1 EL Erdnussöl
½ TL Korianderpulver
4-6 cm frischer Ingwer
Schale von 2 Limetten
1 rote Chili
2 Stängel Zitronengras
½ l Kokosmilch
½ kg küchenfertige Shrimps
5 EL gehacktes Thai-Basilikum (oder 3 EL Minze)

120 ml Wasser mit den Brühwürfeln zum Kochen bringen. Den Knoblauch schälen, in dünne Scheiben schneiden und in dem Öl in einer kleinen Pfanne glasig dünsten, den Koriander mitrösten, aus der Pfanne nehmen und auf die Seite stellen. Den Ingwer schälen und reiben. Die Limetten heiß waschen und die Schale fein abreiben. Die Chili waschen, entkernen und in Ringe schneiden. Das Zitronengras waschen und gut trocken schütteln. Die vorbereiteten Zutaten zur Brühe geben, die Kokosmilch hinzufügen und 15 Minuten köcheln. Die Shrimps in einem Sieb kalt abspülen, abtropfen, in den Sud geben und 2-3 Minuten köcheln. Das Zitronengras aus der Suppe entfernen. Die Suppe mit dem Basilikum bestreuen und sofort servieren. Dazu passen Fladenbrot und Baguette.

Tipp: Thai-Basilikum ist im Asialaden erhältlich. Zitronenschale gibt es auch fertig als Backzutat, diese ist aber sehr intensiv im Geschmack (die Menge anpassen).

Chili-Pangasius-Suppe

(4 Portionen)
250 g Pangasiusfilet
(oder Fischfilet
nach Geschmack)
1-2 TL Currypulver

4-5 EL Sesamöl
4-5 cm Ingwer
1 Prise
Kardamompulver

400 ml Gemüsebrühe
400 ml Kokosmilch
15 ml Limettensaft
1 rote Chilischote
etwas Chiliöl

Das Filet waschen, trocken tupfen, würfeln und mit Curry bestreuen. 2-3 Esslöffel Sesamöl in einer Pfanne erhitzen und das Fischfilet kurz darin anbraten. Den Ingwer schälen und würfeln. Das restliche Sesamöl in einer Pfanne erhitzen, den Kardamom, das restliche Currypulver und den Ingwer hinzufügen und kurz andünsten. Das Ganze mit der Brühe löschen und mit der Kokosmilch aufgießen. Die Suppe aufkochen, 5 Minuten köcheln und den Limettensaft hinzufügen. Die Suppe abschmecken und pürieren. Die Chili waschen, trocken tupfen, halbieren, entkernen und in dünne Streifen schneiden. Die Pangasiuswürfel auf 4 tiefe Teller verteilen und mit der Suppe übergießen. Die Suppe mit etwas Chiliöl beträufeln, mit Chilistreifen garnieren und servieren.

Shiver me timbers
(Tomatensuppe)

(4 Portionen)
4 unbehandelte Orangen
1 kg gewürfelte Tomaten (Dose)
100 ml süße Sahne
Salz, Pfeffer
4 Tomaten
2 EL Butter
1 Prise Zucker

Die Orangen heiß waschen und trocken tupfen, 2 davon mit dem Sparschäler schälen und auspressen. Die Orangenschale in feine Streifen schneiden. Die restlichen 2 Orangen mit einem Messer inklusive der weißen Haut schälen und die Filets auslösen. Die Dosentomaten in einem Topf erhitzen, mit der Sahne auffüllen, salzen und pfeffern. Den Orangensaft hinzufügen und alles bei mittlerer Hitze einkochen lassen. Etwas Wasser zum Kochen bringen, die Tomaten über Kreuz einschneiden und kurz in das heiße Wasser geben. Sobald die Haut sich an der Schnittstelle etwas löst, die Tomate aus dem Wasser nehmen, kalt abschrecken und sofort schälen. Die Butter und den Zucker in einer kleinen Pfanne schmelzen. Die Orangenschale darin karamellisieren, die Orangenfilets hinzufügen, vorsichtig mit der Zuckermischung überziehen und vom Herd nehmen. Die geschälten Tomaten vierteln, entkernen und in etwas geschmolzener Butter erwärmen. Die Tomatenfilets auf 4 Teller verteilen, die Suppe darüber geben, mit den Orangenfilets und dem Orangensud garnieren und sofort servieren. Dazu passen Baguette und frische Brötchen.

Kokos-Apfel-Suppe

(4 Portionen)
2 Möhren
1 Lauchstange
1 Apfel
1 l Gemüsebrühe

175 ml Kokosmilch
1 Knoblauchzehe
2-3 cm Ingwer
1 TL Curry
Salz, etwas
Cayennepfeffer

2 Stängel
Zitronengras
2 EL gehacktes
Thai-Basilikum
(oder Basilikum)

Die Möhren schälen und fein hobeln. Den Lauch putzen, längs einritzen, gut waschen, trocken tupfen und in feine Streifen schneiden. Den Apfel waschen, halbieren, entkernen und klein würfeln. Die Brühe in einem Topf erhitzen, aber nicht kochen. Gemüse und Apfel hinein geben, 10 Minuten weich garen und mit der Kokosmilch löschen. Den Knoblauch schälen und in dünne Scheiben schneiden. Den Ingwer schälen, reiben und mit dem Knoblauch zur Suppe geben. Mit Curry, Salz und Cayennepfeffer abschmecken. Das Zitronengras putzen, waschen, längs einritzen und in der Suppe bei mittlerer Hitze 10 Minuten ziehen lassen, dann entfernen. Die Suppe kurz aufkochen, in 4 Teller füllen, mit dem Basilikum bestreuen und sofort servieren. Dazu passt Baguette.

Möhrensuppe Savy

(4 Portionen)
600 g Möhren
2 Zwiebeln
2 Knoblauchzehen
1 Bund Koriandergrün
2 EL Olivenöl
100 g rote Linsen
1 l Gemüsebrühe
80 ml Orangensaft
1 EL geriebene Orangenschale (frisch oder Backzutat)
2 EL Currypulver
1 TL Kreuzkümmel
200 ml süße Sahne
Salz, Pfeffer

Die Möhren waschen, schälen, putzen und in Scheiben schneiden. Die Zwiebeln und den Knoblauch schälen und würfeln. Den Koriander waschen, trocken schütteln und grob hacken. Das Öl in einer Pfanne erhitzen, die Zwiebeln und den Knoblauch darin glasig dünsten. Die Möhren und die Linsen hinzufügen, anbraten und mit der Brühe löschen. Die Suppe aufkochen und bei mittlerer Hitze 15 Minuten köcheln. Den Orangensaft, die Orangenschale, das Curry, den Kreuzkümmel und zwei Drittel des Korianders hinzufügen und 5 Minuten köcheln lassen. Die Sahne unterrühren, mit Salz und Pfeffer abschmecken und pürieren. Die Suppe mit dem restlichen Koriander bestreut servieren. Dazu passt Baguette.

Lauchsuppe Begad

(4 Portionen)
100-200 g Wildreis
(oder Langkornreis)
4 Lauchstangen
3-5 Knoblauchzehen
2-3 EL Öl
Salz, Pfeffer
1 TL Currypulver
Chilipulver nach Geschmack
1-2 TL Gemüsebrühpulver
1 Dose Kokosmilch

Den Reis nach Packungsangabe garen. Den Lauch putzen, längs einritzen, gut ausspülen und in Ringe schneiden. Den Knoblauch schälen und in dünne Scheiben schneiden. Das Öl in einem Topf erhitzen, den Lauch und den Knoblauch darin andünsten und mit Salz, Pfeffer, dem Curry-, Chili- und Brühpulver nach Geschmack würzen. Kurz andünsten und mit 1 Liter Wasser löschen. Die Kokosmilch hinzufügen, aufkochen, den Reis dazu geben, kurz erhitzen und servieren. Dazu passen Baguette, Brötchen oder Toastbrot.

Kürbiscremesuppe Conception

(4 Portionen)
2 kg Kürbis (Chayote)
1 Gemüsezwiebel
1 Knoblauchzehe
1 EL Butter
1 TL Currypaste
2 l Hühnerbrühe
1 TL gemahlener Koriander
1 TL Kreuzkümmel (Kumin)
½ TL Kurkumapulver
Salz, Pfeffer
¼ l Kokosmilch

Den Kürbis halbieren, entkernen, schälen und in Würfel schneiden. Die Zwiebel und den Knoblauch schälen und fein hacken. Die Butter in einem Topf erhitzen, die Zwiebel und den Knoblauch darin kurz andünsten, den Kürbis, die Currypaste und die Brühe hinzufügen und mit den Gewürzen abschmecken. Alles aufkochen und bei mittlerer Hitze 30-50 Minuten köcheln, bis der Kürbis weich ist. Vom Herd nehmen, pürieren und die Kokosmilch hinzufügen. Die Suppe abschmecken und servieren.
Dazu passt Roti (Fladenbrot, Seite 35).

Tipp: Chayote sind bei uns vor allem im Winter im Handel erhältlich. Das Rezept kann auch mit einem Gartenkürbis zubereitet werden.

Suppencroûtons Jerk

(1 Portion)
280 g Toastbrot
60 ml Erdnussöl
1 TL Chilipulver
½ TL Kreuzkümmel (Kumin)
¼ TL Chilipulver
1 TL Salz

Das Toast entrinden und würfeln. Das Öl erhitzen, die Gewürze hinzufügen und alles gut mischen. Die Brot dazu geben und unter Rühren goldbraun rösten. Dazu passen Suppen und Salate.

Sir Henry Morgan

Der spätere Bukanier wurde im walisischen Llanrhymny geboren. Er soll als Junge in Bristol entführt und als Sklave auf die westindische Insel Barbados verkauft worden sein. Morgan schlug sich bis nach Jamaika durch, wo er sich den Bukaniern anschloss, Freibeutern, die spanische Siedlungen und Schiffe plünderten. 1666 kommandierte Morgan ein eigenes Schiff und führte im Auftrag des Gouverneurs von Jamaika Angriffe gegen die Spanier aus. Er überfiel Siedlungen auf Kuba, in Panama und Venezuela und plünderte sie aus. Nach der Unterzeichnung eines Vertrags zwischen England und Spanien wurde er 1672 nach England gebracht, um wegen der Plünderung der Stadt Panama vor Gericht gestellt zu werden. König Karl II. war jedoch von der Loyalität Morgans überzeugt, schlug ihn zum Ritter und ernannte ihn zum Vizegouverneur von Jamaika. Bald führte er die Bukanier an und war Urheber des sogenannten Piratencodex, den jeder Pirat unterschrieb. Darin waren ein demokratisches Mitspracherecht bei der Kapitänswahl, der Anteil der Beute sowie eine Entschädigung für etwaige Verwundungen festgelegt. Morgan starb als angesehener, reicher Mann – vermutlich an Trunksucht. Von Reue geplagt, spendete er sein Vermögen der Kirche und erhielt in Port Royal ein Staatsbegräbnis.

Gurkensalat Granada

(4 Portionen)
2 Salatgurken
2 kleine rote
Zwiebeln
6-8 Stängel glatte
Petersilie
2 EL Orangensaft
2 EL Limettensaft
2 EL Weißweinessig
Salz, Pfeffer

Die gut gekühlten Gurken schälen und in feine Scheiben hobeln. Die Zwiebeln schälen, halbieren und in dünne Scheiben schneiden. Die Petersilie waschen, trocken schütteln, grob hacken und mit Gurken und Zwiebeln in eine Schüssel geben. Den Orangensaft in eine kleine Schüssel sieben. Den Limettensaft, Essig, Salz und Pfeffer hinzufügen und gut mischen. Die Marinade über den Gurkensalat geben, mischen und servieren. Dazu passen Geflügel- und Fischgerichte.

Tipp: Der Salat wird ohne Öl zubereitet.

Mango Jamaica Merchant

(4 Portionen)
4 Mangos
4 Sternfrüchte
(Karambolen)
3-4 cm Ingwer
1 TL gehackte
Frühlingszwiebel
100 ml Apfelessig
2 EL Limettensaft
100 ml Öl
1 TL Dijon-Senf
Salz, schwarzer
Pfeffer
4 Stängel Koriander

Die gut gekühlten Mangos schälen, das Fruchtfleisch vom Kern lösen und würfeln. Die Sternfrüchte waschen, trocken tupfen, in Scheiben schneiden und mit den Mangos in einer Schüssel mischen. Den Ingwer schälen, reiben und in eine hohe Rührschüssel geben. Die Zwiebel und die restlichen Zutaten außer dem Koriander dazu geben und pürieren. Den Koriander waschen, trocken schütteln und fein hacken. Die Marinade über die Früchte träufeln, mit dem Koriander bestreuen und servieren. Dazu passen gebratene Kochbananen und warme, gebackene Brötchen.

Karibischer Spinat

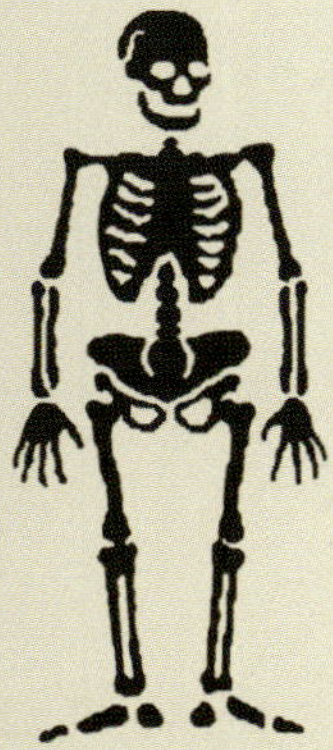

(4 Portionen)
3 rote Zwiebeln
800 g Blattspinat
2 EL gehackte Erdnüsse
2 Scheiben Toastbrot
2 EL Butter
4 TL Zitronensaft
4 TL Balsamico
200 ml Gemüsebrühe
4 EL Sauerrahm
4 TL Senf
1 TL geriebener Ingwer
2 TL Chilisoße
Salz, weißer Pfeffer

Die Zwiebeln schälen und in dünne Ringe schneiden. Den Spinat waschen, trocknen, in mundgerechte Stücke zupfen und in eine Schüssel geben. Die Zwiebeln und die Erdnüsse hinzufügen und mischen. Für die Croûtons das Toast würfeln und in der Butter ringsum goldbraun rösten. Für die Marinade den Zitronensaft mit Essig, Brühe, Rahm, Senf und den Gewürzen gut mischen, über den Salat träufeln und mit den Croûtons bestreut servieren. Passt zu Kurzgebratenem und Gegrilltem.

Salat Calypso

(4 Portionen)
3 Frühlingszwiebeln
1 Avocado
Saft von 1 Limette
2 EL Orangensaft
4 EL Olivenöl

1 Stängel Koriander
½ TL gehackte Chili
½ TL Salz
½ TL weißer Pfeffer
400 g gekochte Shrimps

200 g Palmenherzen
2 Orangen
1 Grapefruit
1 rote Zwiebel
3 Salatherzen
(oder 1 Kopfsalat)

Die Frühlingszwiebeln putzen und in dünne Ringe schneiden. Die Avocado schälen, entkernen, würfeln und mit dem Limetten- und dem Orangensaft, dem Öl, einem Drittel der Zwiebelringe, dem gewaschenen, gehackten Koriander und der Chili pürieren. Mit Salz und Pfeffer abschmecken, mischen und kühl stellen. Die Shrimps abtropfen und in eine Salatschüssel geben. Die Palmenherzen in Scheiben schneiden. Die Zitrusfrüchte inklusive der weißen Haut schälen und die Filets auslösen. Die Zwiebel schälen, halbieren und in dünne Scheiben schneiden. Alles zu den Shrimps geben. Den Salat putzen, in mundgerechte Stücke teilen, waschen, trocken schütteln, vorsichtig mit den anderen Zutaten mischen, mit dem Dressing beträufeln und servieren.

Ananas „Boucan“

(4 Portionen, 16 Stück)

4 Scheiben Ananas
2 EL weißer Rum

8 Scheiben Speck
2 EL Salsasoße

Den Backofen auf 220°C vorheizen. Die Ananasscheiben abtropfen, vierteln, mit dem Rum beträufeln und ½ Stunde ziehen lassen. Die Speckscheiben halbieren, mit Salsa bestreichen und je 1 um 1 Ananasviertel wickeln, mit dem Rest Salsa bestreichen und auf ein mit Backpapier belegtes Blech legen. Mindestens 15 Minuten goldbraun überbacken, auf einer Platte anrichten und servieren. Die Ananaspäckchen passen zum Büffet, grünem Salat und Weißbrot.

Tipp: Die Ananas kann auch in kleinere Stücke geteilt und für ein Büffet mit Zahnstochern aufgespießt werden.

Maniok „Morgan‘s Bluff“

(4 Portionen)
800 g Maniok
3 Knoblauchzehen

1 Zwiebel
Saft von 1 Orange
Saft von 2 Limetten

1 EL gehackte Petersilie
Salz, Pfeffer
4 EL Olivenöl

Die Maniokwurzeln (auch „Yuca“ oder „Cassava“ genannt) schälen, längs vierteln und in Salzwasser 20-25 Minuten weich garen. Für die Marinade den Knoblauch und die Zwiebel schälen und fein würfeln. Den Saft der Zitrusfrüchte in ein verschließbares Gefäß (Einmachglas, Shaker etc.) geben. Die Petersilie, die Gewürze und das Öl hinzufügen. Das Gefäß verschließen und kräftig schütteln. Vom Maniok eventuell holzige Stücke entfernen, mundgerecht zerteilen, auf einer Platte anrichten, mit der Marinade übergießen und sofort servieren. Das Dressing passt auch gut zu Kürbis.

Tipp: Maniokwurzeln sind u.a. in Asia- und Afrikaläden, im Versandhandel oder im Supermarkt erhältlich.

Roti
(Fladenbrot)

(4 Portionen)
600 g Chapatimehl

(oder Haferflocken)
400 g Weizenmehl

etwas Öl,
Salz

Das Chapatimehl (erhältlich im Asialaden) mit 1 Liter Wasser in einer Schüssel mischen und mindestens ½ Stunde einweichen. Nach und nach das Weizenmehl hinzufügen und zu einem geschmeidigen Teig kneten. Auf einer Arbeitsplatte zu einer Kugel formen und mit einem feuchten Tuch abdecken. Dann in kleine Kugeln teilen, flach drücken und mit einem Rundholz dünn auswellen. Eine beschichtete Pfanne dünn mit Öl bestreichen, erhitzen und die Fladen darin goldbraun backen. Das Fladenbrot auf Küchenpapier abtropfen und salzen. Mit dem restlichen Teig ebenso verfahren und servieren. Roti passt zu Currygerichten.

Zitronenkartoffeln Port Royal

(4 Portionen)
800 g fest kochende Kartoffeln

3 EL gehackter Oregano
3 EL gehackter Thymian

Salz, Pfeffer
3 Zitronen
3 EL Olivenöl

Den Backofen auf 200°C vorheizen. Die Kartoffeln waschen, schälen, längs in Spalten schneiden, in eine Auflaufform schichten, mit den Kräutern und Gewürzen bestreuen. Die Zitronen halbieren und auspressen. Den Saft mit dem Öl mischen und über die Kartoffelspalten träufeln. 100-140 ml lauwarmes Wasser hinzufügen, bis die Kartoffeln fast bedeckt sind. Die Zitronenkartoffeln mindestens 50 Minuten goldbraun im Ofen überbacken. Sie passen zu Fleisch- und Geflügelgerichten.

Papas arrugadas
(Runzelkartoffeln)

(4 Portionen) 1 kg kleine Kartoffeln 4 EL Meersalz

Die Kartoffeln gründlich waschen und mit Schale in einem Topf zur Hälfte mit Wasser bedecken und mit Meersalz bestreuen. Ein Küchentuch gefaltet auf den Topfrand legen und mit dem Deckel schließen. Aufkochen, 20 Minuten garen und das Wasser fast komplett abgießen. Den Topf zurück auf den Herd stellen und das restliche Wasser offen verdampfen lassen. Die Kartoffeln bleiben gerunzelt und mit einer feinen Salzschicht bedeckt zurück. Dazu passen Ajoli, Kräuterquark und Mojo-Soßen.

Tipp: Die Kartoffeln sind eine beliebte Beilage und mit verschiedenen Mojo-Soßen auch ein Hauptgericht (Menge anpassen).

Süßkartoffelbrei Limone

(4 Portionen)
1 TL Bockshornklee
4-5 cm Ingwer
800 g Süßkartoffeln
1 TL Salz
1 Sternanis
½ Bund glatte Petersilie
100 g Butter
Saft von 1 Limette
Meersalz, Cayennepfeffer
½ TL Muskat

Eine Pfanne erhitzen, den Bockshornklee darin trocken rösten, heraus nehmen und beiseite stellen. Den Ingwer schälen und grob zerkleinern. Die Süßkartoffeln schälen, würfeln, in einem Topf mit Wasser bedecken und das Salz hinzufügen. Den Ingwer mit dem Anis und dem Bockshornklee im Gewürzsieb dazu geben. Aufkochen und bei mittlerer Hitze 10-15 Minuten köcheln, bis die Kartoffeln gar sind. Die Gewürze entfernen, die Kartoffeln durch ein Sieb gießen und zurück in den Topf geben. Die Petersilie waschen, trocken schütteln und grob hacken. Die Butter in Scheiben schneiden und mit dem Limettensaft unter die Kartoffeln rühren, mit Meersalz und Cayennepfeffer würzen und mit dem Stampfer bis zur gewünschten Konsistenz unter Wenden zerdrücken. Dann mit Petersilie und frisch geriebenem Muskat bestreuen, vorsichtig mischen und sofort servieren. Der Süßkartoffelbrei passt zu gebratenem Fisch, Fleisch und Geflügel.

Tipp: Bockshornklee ist sehr bitter und wird durch das Rösten milder. Er ist im Asialaden oder in Apotheken erhältlich.

Frijoles molidos (Bohnenpüree)

(4 Portionen)
300 g schwarze Bohnen
2 grüne Paprikaschoten
2 Zwiebeln
2 Knoblauchzehen
1 Stange Staudensellerie
2 Möhren
½ TL trockener Thymian
½ TL trockener Oregano
½ TL Kreuzkümmel
1 Lorbeerblatt
1 EL gehackte Petersilie
100 g Speckwürfel
Salz, Pfeffer
3 EL Butter

Die Bohnen in einem Sieb gründlich waschen, bis das Wasser klar durchläuft und über Nacht mindestens 12 Stunden quellen lassen. Das Einweichwasser abgießen, kalt durchspülen, abtropfen lassen und in einen Topf geben. Für das Gemüse 1 Paprika waschen, trocken tupfen, entkernen und dritteln. 1 Zwiebel und den Knoblauch schälen. Den Sellerie putzen und grob zerkleinern, die Möhren putzen und dritteln. Das ganze Gemüse mit den Kräutern, den Gewürzen und dem Speck zu den Bohnen geben. Mit Wasser mindestens 2 Fingerbreit über den Bohnen auffüllen, aufkochen, abschäumen und die Hitze reduzieren. Die Bohnen mindestens 2 Stunden bei mittlerer Hitze köcheln, währenddessen immer wieder Wasser auffüllen. Sobald die Bohnen weich werden, salzen und pfeffern und das Gemüse heraus nehmen. Die restliche Zwiebel schälen, mit der übrigen Paprika fein würfeln und in der Butter 3-4 Minuten andünsten. Das Wasser von den Bohnen abgießen und auffangen. Etwa ¼ davon zu den Bohnen geben, so dass etwa 1 Teil Wasser auf 3 Teile Bohnen kommt. Die Masse pürieren, im Topf mit der Paprikamischung verrühren und unter Rühren bei mittlerer Hitze 10 Minuten weiter dünsten. Nach Geschmack mit weiterem Kochwasser auffüllen, bis die gewünschte Konsistenz erreicht ist. Das Bohnenpüree wird auch in größeren Mengen vorgekocht und in verschiedenen Variationen zur Zubereitung von Casado (Seite 77) etc. verwendet.

Tipp: Es werden in der Regel „Frijoles negros“ verwendet, diese sind im Versandhandel erhältlich.

Frijoles refritos (Gebackene Bohnen)

(4 Portionen)
300 g Wachtelbohnen (oder schwarze Bohnen)
1 Zwiebel
1 Knoblauchzehe
Salz
2-4 EL Schmalz
100 g fester, milder Schafskäse (Pecorino oder nach Wunsch)

Die Bohnen in einem Sieb waschen und über Nacht mindestens 12 Stunden quellen lassen. Das Einweichwasser abgießen, die Bohnen kalt abspülen, abtropfen und in einen Topf geben. Die Zwiebel und den Knoblauch schälen, grob zerkleinern, dazu geben, mit Wasser auffüllen, aufkochen und nach Packungsangabe garen, dabei immer wieder Wasser auffüllen. Das Kochwasser abgießen, die gegarten Bohnen salzen und pürieren (oder zerdrücken), dabei immer wieder wenden. Schmalz nach Geschmack in einer Pfanne erhitzen, das Bohnenpüree ringsum darin anbraten und nochmals salzen. Den Käse (Menge und Sorte nach Geschmack) reiben. Das Püree auf einer Platte anrichten und mit Käse bestreut servieren. Passt zu Gegrilltem, Kurzgebratenem und als Füllung für Tortillas.

Tipp: Der Käse kann mit der Gabel zerdrückt, gehackt oder vor dem Reiben ½ Stunde ins Gefrierfach gelegt werden.

Maniok mit Mojo

(4 Portionen)
800 g Maniok
1 große Orange
1½ Limetten
4-5 Knoblauchzehen
5 EL Olivenöl
Salz

Den Maniok schälen, in nicht zu kleine Würfel schneiden und dabei den inneren, hartfaserigen Teil auslösen. Die Würfel mindestens ½ Stunde wässern. Das Wasser abgießen, den Maniok abspülen, in einem Topf mit Wasser bedecken, aufkochen und bei mittlerer Hitze mindestens 15 Minuten gar köcheln lassen. Das Kochwasser durch ein feines Sieb abgießen (Vorsicht, die Maniokwürfel zerfallen leicht!). Die Zitrusfrüchte auspressen. Den Knoblauch schälen, würfeln und im Öl bei reduzierter Hitze glasig dünsten. Mit dem Zitrussaft löschen und salzen. Den Maniok auf einer Platte anrichten, mit der Soße übergießen und sofort servieren. Maniok mit Mojo-Soße (Yuca con mojo) wird in Kuba häufig zubereitet und passt zu Fisch und Geflügelrezepten.

Tipp: Maniok, im Asialaden erhältlich, darf nicht roh gegessen werden, da er Blausäure enthält. Aus diesem Grund wird er vor der weiteren Verwendung gewässert und gegart.

Patacones
(Frittierte Kochbananen)

(4 Portionen)
reichlich Frittierfett
4 große, grüne
Kochbananen
(plátanos verdes)
Salz

Für den ersten Frittiervorgang reichlich Frittierfett in einem hohen Topf (oder in der Fritteuse) erhitzen. Die Kochbananen in 2-3 cm dicke Scheiben schneiden, schälen und portionsweise etwa 8 Minuten hellbraun vorfrittieren. Mit dem Schaumlöffel abschöpfen. Mit den restlichen Bananenscheiben ebenso verfahren. Für den zweiten Frittiervorgang die vorfrittierten Bananenscheiben im Fett erneut 1-2 Minuten portionsweise knusprig backen. Abschöpfen, auf Küchenpapier abtropfen und noch heiß mit Salz bestreuen. Mit verschiedenen Dips sind Kochbananen ein Snack und passen zu Bohnenpüree, Fleischgerichten oder (gezuckert) zu Eis und Früchten.

Tipp: Die Bananen sollen außen knusprig und innen mehlig-weich sein. Sie sind schwer zu schälen, in Scheiben geht es leichter.

Plátanos maduros (Gebratene Kochbananen)

(4 Portionen)
4 große, reife Kochbananen
reichlich Öl

Die Kochbananen in schräge, 1 cm dicke Scheiben schneiden, schälen und in reichlich Öl etwa 2 Minuten goldbraun rösten. Mit dem Schaumlöffel aus dem Öl nehmen und auf Küchenpapier abtropfen. Bei größeren Mengen portionsweise frittieren und das Öl nach Bedarf erneuern. Die gebratenen Kochbananen sind süß und passen zu Kurzgebratenem oder Gallo Pinto (Seite 81) und sind in der Karibik ein beliebter Snack.

Tipp: Die Bananen verbrennen leicht und bleiben schnell am Küchenpapier kleben. Daher rasch vom Papier abziehen und nicht zu viele Scheiben auf einmal backen.

Kokosreis

(4 Portionen)
300 g Basmatireis
1 Dose Kokosmilch (400 ml)
60 g Pinienkerne
Salz

Den Reis im Sieb waschen und in einem Topf mit ½ Liter Wasser und der Kokosmilch abgedeckt mindestens ½ Stunde einweichen. In einer beschichteten Pfanne die Pinienkerne trocken rösten, heraus nehmen und beiseite stellen. Den Reistopf auf den Herd stellen, etwas Salz hinzufügen, aufkochen und bei mittlerer Hitze 15 Minuten köcheln, bis die Flüssigkeit eingesogen ist. Bei Bedarf Wasser nachfüllen beziehungsweise, bei zu viel Flüssigkeit, den Deckel abheben. Mit Pinienkernen bestreut servieren. Passt zu Fischgerichten.

Mango-Pickles Réunion

(1 Portion)
2 kleine, harte grüne Mangos
Salz
1 kleine Zwiebel
3 grüne Chilis
3 EL Pflanzenöl

Die Mangos schälen, ringsum mit dem Fleischklopfer in kleine Stücke hämmern, in einer Schüssel mit Wasser bedecken und etwas Salz hinzufügen. Abgedeckt mindestens 20 Minuten einweichen, dann durch ein mit einem Tuch ausgelegtes Sieb gießen und gut ausdrücken. Die Zwiebel schälen und würfeln. Die Chilis putzen (für eine mildere Mischung entkernen), fein hacken, mit etwas Salz zerreiben, mit der Mango, den Zwiebeln und dem Öl vermischt in ein Twist-Off-Glas füllen und im Kühlschrank aufbewahren. Mango-Pickles passen zu Fisch. Sie sollten je nach Schärfe vorsichtig dosiert werden. Gut gekühlt sind sie längere Zeit haltbar.

Tipp: Für die eingelegten, scharfen Mangos (Rougail Mangues) werden harte Mangos verwendet, diese sind im Asiashop erhältlich.

Tomaten-Pickles

(1 Portion)
4-5 cm Ingwer
Salz
1 grüne Chili
1 kleine Zwiebel
2 kleine Tomaten
2 EL Öl

Den Ingwer schälen und würfeln. Die Chilischote putzen, nach Geschmack entkernen, würfeln und mit dem Ingwer und etwas Salz im Mörser zerdrücken. Die Zwiebel schälen und fein würfeln. Die Tomaten waschen und würfeln. Beides in einer Schüssel mit der Chili und dem Öl vorsichtig mischen. Tomaten-Pickles werden für Curry- und Reisgerichte verwendet – je nach Schärfe eher sparsam.

Orangen-Chutney

(1 Portion)
2 Orangen
1 Apfel
1 Stück kandierter Ingwer
80 g Rosinen
50 g brauner Zucker
1 EL Weißweinessig
1 Prise Muskat
2 EL Orangenlikör

Die Orangen einschließlich der weißen Schale schälen, die Filets auslösen, würfeln und den Saft auffangen. Den Apfel schälen, halbieren, entkernen und würfeln. Den Ingwer in feine Streifen schneiden. Die vorbereiteten Zutaten in einen großen Topf geben. Die Rosinen, den Zucker, den Essig, Muskat und 2 Esslöffel Wasser hinzufügen und unter Rühren bei mittlerer Hitze mindestens ½ Stunde einkochen. Den Orangenlikör unterrühren, das Chutney heiß und portionsweise in sterilisierte Twist-Off-Gläser füllen und sofort verschließen. Das Chutney passt zu Ente und Geflügel.

Sauce Créole

(1 Portion)
1 Knoblauchzehe
1 Ei
2 TL Zitronensaft
1 TL gehackte Petersilie
2 TL Frühlingszwiebelringe
100 ml Olivenöl
1 TL körniger Senf
¼ TL Cayennepfeffer,
Salz

Den Knoblauch schälen und fein würfeln, mit dem Ei, dem Zitronensaft, Petersilie und Frühlingszwiebeln pürieren. Das Öl tröpfchenweise, dann in dünnem Strahl hinein rühren, Senf, Cayennepfeffer und Salz dazu geben und gut würzen. Die Soße abgedeckt mindestens 1 Stunde gut kühlen. Passt zu Fisch, Kurzgebratenem und frischem Brot und sollte spätestens am nächsten Tag verbraucht werden.

Avocado-Salsa

(3-4 Portionen)
1 Avocado
2 EL Limettensaft
2 Knoblauchzehen
3 Frühlingszwiebeln
½ Salatgurke
1 EL frischer Koriander
1 TL Chilisoße

Die Avocado schälen, halbieren, entkernen, zerkeinern, in einer Schüssel mit dem Limettensaft mischen. Den Knoblauch schälen und fein würfeln. Die Frühlingszwiebeln putzen und in feine Ringe schneiden. Die Gurke schälen, halbieren, die Kerne auslösen und in kleine Würfel schneiden. Den Koriander waschen, trocken schütteln und grob hacken. Alles gut mit der Avocado mischen und mindestens 1 Stunde kühl stellen. Mit Limettensaft und der Chilisoße abschmecken und servieren.
Passt zu Kurzgebratenem, Gegrilltem und Fisch.

Cheese Caribbean

(1 Portion)
200 g alter, geriebener Cheddar
1 EL geriebene Möhre
1 TL Mayonnaise
1 TL weiche Butter
1 Prise schwarzer Pfeffer
1 fein gehackte Schalotte
½-1 TL Senf
1 Spritzer Tabasco
etwas Milch

Die Zutaten in einer Schüssel gut mischen. Nach Bedarf Milch hinzufügen. Die Paste ist auf den karibischen Inseln als Brotaufstrich sehr beliebt. Mit etwas mehr Milch ist sie ein leckerer Dip.

Mojo rojo

(1 Portion)
3 getrocknete Chilischoten
3 kleine, rote Paprikaschoten
(oder milde Chilischoten)
6 Knoblauchzehen
1 TL Meersalz
2 TL Kreuzkümmel
3 TL Paprikapulver edelsüß
1 Tasse Olivenöl
3 EL Weißweinessig

Die getrockneten Chilis in Wasser über Nacht einweichen und entkernen. Die Paprika waschen, entkernen und mit den Chilis im Einweichwasser 5 Minuten köcheln. Den Knoblauch schälen, zerkleinern und mit Salz, Kreuzkümmel und der Chilimischung im Sud in eine Schüssel geben. Alles mit dem Pürierstab mixen. Paprikapulver, Öl und Essig nach Geschmack hinzufügen, gut mischen und vor dem Servieren kalt stellen.

Mojo verde

(1 Portion)
4 Scheiben Weißbrot
1 grüne Peperoni
4 Knoblauchzehen
½ Bund glatte Petersilie
1 Bund Koriander
¼ TL Kreuzkümmel
100 ml Olivenöl
3 EL Sherry
Salz, Pfeffer

Das Brot in Wasser einweichen und ausdrücken. Die Peperoni waschen, trocken tupfen, entkernen und fein würfeln. Den Knoblauch schälen. Die Kräuter waschen, trocken schütteln, abzupfen und alles mit den restlichen Zutaten in einer Schüssel pürieren. Nach Bedarf Öl, Salz und Pfeffer hinzufügen und kühl stellen.

Mojo pirata

(1 Portion)	2 Scheiben Toast	1 Prise Meersalz
3 getrocknete Chilischoten	40 g gemahlene Mandeln	100 ml Olivenöl
3-4 Knoblauchzehen	¼ TL Kreuzkümmel	Apfelessig nach Geschmack

Die getrockneten Chilis 2 Stunden in heißem Wasser einweichen. Den Knoblauch schälen und würfeln. Die Chilis entkernen und würfeln. Beides mit dem entrindeten, gewürfelten Toast, den Mandeln, Kreuzkümmel und Salz in einer Schüssel pürieren. Nach und nach das Öl bis zur gewünschten Konsistenz hinzufügen, mit Apfelessig würzen, gut mischen und kalt stellen. Mojos passen gut zu Fisch- und Fleischgerichten, kleinen Pellkartoffeln, Papas arrugadas (Seite 36) und schmecken auch lecker zu frischem Brot.

Limettendip

(4 Portionen)	1 TL Fenchelsamen	2 TL brauner Zucker
1 rote Chili	4 Limetten	Salz

Die Chili putzen, entkernen und fein würfeln. Den Fenchelsamen im Mörser zerdrücken. Die Limetten halbieren und auspressen. Den Saft mit den Gewürzen in einem Topf aufkochen und mit dem Zucker unter Rühren sirupartig eindicken. Über Nacht ziehen lassen und nach Wunsch weiter verwenden.

Jerk Seasoning (Gewürzmischung)

(1 Portion)
1 TL Chiliflocken
1 TL zerstoßene Pfefferkörner
1 TL Piment
1 TL trockener Majoran
1 TL trockener Thymian
1 TL Ingwer
1 TL Zitronensäure
1 TL Zucker
¼ TL Zimt
¼ TL Muskat
¼ TL Kreuzkümmel (Kumin)
¼ TL Korianderpulver

Alle Zutaten vermischen und im verschließbaren Glas luftdicht aufbewahren. Die Mischung wird zum Würzen von Fisch und Fleisch verwendet und ergibt, mit Meersalz gemischt, ein leckeres Gewürzsalz.

Jerk Karibian

(1 Portion)
4 TL Salz
1 TL weißer Pfeffer
1 TL Paprikapulver edelsüß
2 TL Pul Biber (scharf)
3 TL gemahlener Kümmel
½ TL Zimt
½ TL Muskat

Alle Zutaten vermischen und im verschließbaren Glas luftdicht aufbewahren. Die Mischung wird zum Würzen von Fisch, Fleisch, Geflügel und Kartoffelgerichten verwendet.

Jerk Jamaican
(Marinade)

(für ½ kg Fleisch)
1 Zwiebel
6 Schalotten
2-4 Knoblauchzehen
4-6 Chilischoten
½ TL Thymian
½ TL Salz
½ TL Piment
½ TL Zimt
1 TL schwarzer Pfeffer
Tabasco nach Geschmack
2 EL Sojasoße
¼ Tasse Öl
1 Prise Muskat

Die Zwiebel, die Schalotten und den Knoblauch schälen und würfeln. Die Chilis waschen, trocknen, entkernen und würfeln. Alles mit den restlichen Zutaten in einer Schüssel pürieren. Das Fleisch damit einreiben und abgedeckt im Kühlschrank mindestens 12 Stunden oder über Nacht ziehen lassen; immer in der Marinade wenden und je nach Rezept weiter verarbeiten.

Tipps: Mit Jerk wurde früher Fisch und Fleisch haltbar gemacht und dazu, eingerieben mit der Marinade, über Feuer mehrere Tage getrocknet. Heute steht das Würzen im Vordergrund. Die Würzmischungen werden auch, mit Öl oder anderen Flüssigkeiten, als Soßen, meist für Grillgerichte, verwendet oder dienen pur als Würzmischung auch für Gemüse.

Francis L´Olonnois

Jean David Nau, genannt Francis L'Olonnois. Er galt als einer der grausamsten Piraten seiner Zeit. Von La Rochelle gelangte er in die Karibik und schloss sich einer Gruppe Bukanier an, die in den Wäldern von der Jagt lebten. Er wurde ein guter Schütze. Als er Kontakt zu Piraten fand, tötete er ihren Kapitän und wurde selbst zum Anführer. Rasch wurde er als Mörder und Raubbrenner bekannt. Der Gouverneur von Tortuga vertraute ihm 1662 ein eigenes Schiff an. Innerhalb von nur zwei Jahren verlor er zwei Schiffe. Er machte nur wenig Beute. Sein grausames Vorgehen gegen Feind wie auch Freund stieß selbst hartgesottene Kollegen ab. Später verlegte er sich auf die Plünderung spanischer Siedlungen. In Maracaibo wütete er unter der Bevölkerung und machte große Beute. An Abenteurern, die sich ihm anschlossen, fehlte es nie. Das Raubgut ließ sich auf Tortuga jederzeit gut verkaufen. Der Erlös wurde in Spelunken vertrunken und verspielt. Sein Leben endete so brutal wie das seiner Opfer. Auf einem ausgedehnten Raubzug in Nicaragua nahmen ihn Indios gefangen und töten ihn grausam.

Tamarinden-Garnelen

(4 Portionen)
1 Knoblauchzehe
1 grüne Paprikaschote
2 EL Zwiebelwürfel
30 g Butter
3 EL Tomatenmark
80 ml Sherry
120 ml Tamarindensaft (oder -paste)
3 EL flüssiger Honig
1 Lorbeerblatt
¼ TL Salz
¼ TL Piment
½ TL Chilisoße
600 g küchenfertige Riesengarnelen
1 EL Limettensaft

Den Knoblauch schälen und sehr fein würfeln. Die Paprika waschen, trocknen, entkernen, fein hacken, mit dem Knoblauch und den Zwiebelwürfeln in der heißen Butter andünsten. Das Tomatenmark, dann Sherry und Tamarindensaft und schließlich den Honig und den Lorbeer hinzufügen. Unter Rühren aufkochen und bei mittlerer Hitze 5 Minuten eindicken lassen. Mit Salz, Piment und Chilisoße abschmecken. Die Garnelen hinzufügen und unter Rühren mindestens 3 Minuten garen.
Den Lorbeer entfernen, alles mit dem Limettensaft beträufeln und sofort servieren.

Tipp: Tamarinde schmeckt säuerlich. Sie ist in türkischen Läden erhältlich.

Garnelen Tortuga Bay

(4 Portionen)
700 g küchenfertige Garnelen
1 Zwiebel
7 Knoblauchzehen
1½ Zitronen
4 EL Tomatenmark
3 EL passierte Tomaten
Salz, Pfeffer
1-2 EL Öl
4 EL Zucker
280 g Hokkaido-Kürbis
100 g Möhren
3 Kaffir-Limettenblätter
1 Chilischote
14 g frischer Ingwer
4 Stängel Koriander
260 ml Kokosmilch
1½ EL Currypulver

Die Garnelen in einem Sieb kalt abspülen und abtropfen. Für die Marinade die Zwiebel und den Knoblauch schälen und fein würfeln. Die Zitronen auspressen. Den Saft mit dem Tomatenmark, den Tomaten, Salz und Pfeffer in einer Schüssel mischen. Die Garnelen hinein geben und mindestens 20 Minuten darin kühl ziehen lassen. In einem Topf das Öl erhitzen, den Zucker darin unter Rühren goldbraun karamellisieren (Vorsicht, brennt leicht an!). Die Garnelen aus dem Kühlschrank nehmen, in der Pfanne ringsum anbraten und dabei den entstehenden Sud verdampfen lassen. Dann aus der Pfanne nehmen und beiseite stellen. Den Kürbis entkernen und würfeln. Die Möhren putzen, dritteln, in Scheiben schneiden und mit dem Kürbis, den Limettenblättern, der entkernten Chili, gehacktem Ingwer und Koriander in einem Topf anschmoren, mit drei Vierteln der Kokosmilch löschen und 5 Minuten abgedeckt köcheln. Den Rest Kokosmilch aufgießen, mit Curry abschmecken, die Garnelen kurz in der Soße erhitzen und sofort servieren.

Tipp: Die Würfeltomaten können durch Wasser ersetzt werden. Kaffir-Limettenschalen haben einen zitronigen Geschmack und sind im Asiashop erhältlich. Alternativ kann geriebene Limettenschale oder -saft verwendet werden.

Muscheln Karibik

(4 Portionen)
4 kg Miesmuscheln
½ Bund Koriander
1 rote Chili
1 Zwiebel
2 Knoblauchzehen
2 EL Öl
1 Prise Chilipulver
½ TL Madrascurry
(oder Curry)
200 ml Ananassaft
(ungesüßt)
1 Dose Kokosmilch
(400 ml)
2 EL Limettensaft

Die Muscheln unter fließendem Wasser abbürsten, vorhandene Verunreinigungen und Kalkreste mit einem scharfen Messer abkratzen, die Bärte abziehen und mit dem Messerrücken auf die geöffneten Muscheln klopfen. Muscheln, die sich nicht schließen oder Risse in der Schale haben, verwerfen. Den Koriander waschen, trocken schütteln und die Blätter grob hacken. Die Chili waschen, trocknen, entkernen und fein hacken. Die Zwiebel schälen und in Ringe schneiden. Den Knoblauch schälen und halbieren. Das Öl in einer kleinen Pfanne erhitzen. Die Zwiebeln darin ringsum glasig dünsten, Knoblauch und Chili kurz mitdünsten und mit Chili- und Currypulver bestäuben. Vom Herd nehmen, alles gut mischen und auf 2 große Töpfe verteilen. Beide Töpfe jeweils kurz erhitzen, mit der Hälfte von Ananassaft, Kokosmilch und ¼ Liter Wasser löschen. Aufkochen, jeweils die Hälfte der Muscheln hinein geben und bei mittlerer Hitze unter Wenden 5-10 Minuten köcheln, bis sie sich öffnen. Die Muscheln mit einem Schaumlöffel abschöpfen, den Sud aus beiden Töpfen in einen Topf gießen und bei starker Hitze 5 Minuten reduzieren. Vom Herd nehmen, mit Limettensaft abschmecken und in einer Sauciere oder Schale mit Koriander bestreut zu den Muscheln servieren. Dazu passt Baguette oder knusprige, warme Brötchen.

Tipp: Küchenfertige Muscheln erleichtern das Putzen. Koriander gibt es im Asialaden auch eingelegt im Glas.

Flambierte Rumkrebse

(4 Portionen)
600 g Tagliatelle
(oder Spaghetti)
2 Schalotten
4 Knoblauchzehen

1-2 EL Öl
400 g küchenfertige,
geschälte Flusskrebse
100 ml Jamaica Rum
(oder Cognac)
200 ml süße Sahne

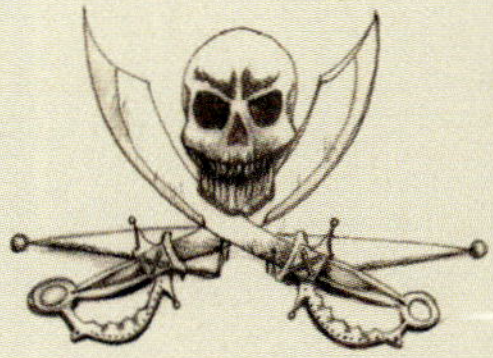

In einem Topf Salzwasser erhitzen und die Nudeln darin nach Packungsangabe garen, abtropfen und beiseite stellen. Die Schalotten und den Knoblauch schälen, fein würfeln und im Öl glasig dünsten. Die Flusskrebse hinzufügen und ringsum mit der Knoblauchmischung überziehen. Den Rum erwärmen, über die Krebse gießen und sofort mit einem langen Streichholz anzünden. Sobald das Feuer erloschen ist, die Sahne in die Pfanne gießen und die Soße kurz einkochen lassen. Die Nudeln in die Pfanne geben, nach Geschmack salzen, alles gut mischen und servieren. Dazu passt grüner Salat.

Tipp: Beim Flambieren Abstand halten und den Dunstabzug ausschalten, der erwärmte Rum entzündet sich sehr schnell. Zum Flambieren muss Alkohol erwärmt werden, dadurch brennt auch niederprozentiger Alkohol leichter. Die Tagliatelle können durch Reis ersetzt werden, dieser wird dann nicht mit der Soße gemischt sondern, extra als Beilage serviert.

Orangen-Tilapiafilet

(4 Portionen)
2-3 EL Speisestärke
100 ml Milch
200 ml Fischsud
(oder Gemüsebrühe)
200 ml Orangensaft
100 ml Kokosmilch
100 ml süße Sahne
½ TL Currypulver
1 Prise Kurkuma
¼ TL
Zitronengrasgewürz
Salz, Pfeffer,
Paprikapulver
edelsüß
1 Orange
1 kg Tilapiafilet
(oder Pangasius)
50 g Erdnüsse
100 g Mehl
2-3 EL Butter

Für die Soße die Stärke unter Rühren in etwas Milch auflösen. Den Sud, den Orangensaft, den Rest Milch, die Kokosmilch und die Sahne in einem Topf aufkochen, mit den Gewürzen abschmecken und nach und nach die angerührte Stärke hinein rühren. Die Orange einschließlich des Weißen schälen, die Filets auslösen, in Scheiben schneiden, kurz in der Soße erhitzen, dann auf kleinste Stufe schalten. Das Filet waschen und trocken tupfen. Die Erdnüsse fein hacken mit dem Mehl auf einem flachen Teller mischen, den Fisch darin wenden, leicht salzen und bei mittlerer Hitze 5-7 Minuten beidseitig in der Butter anbraten. Die Filets auf vorgewärmte Teller legen, die Soße mischen, etwas davon auf den Fisch träufeln, den Rest dazu servieren. Dazu passen Basmatireis, Kokosreis, grüner Salat und Feldsalat.

Ananas-Fischfilet

(4 Portionen)
1 unbehandelte Zitrone
2 Baby-Ananas
1 Papaya
1 grüne Chili
½ Bund Koriander
4 Rotbarschfilets
Salz, Pfeffer
2-3 EL Öl

Die Zitrone waschen, trocknen, ½ Teelöffel Schale abreiben und den Saft auspressen. Beide Baby-Ananas längs halbieren, schälen und von den faserigen Mittelstücken befreien. Eine Fruchthälfte in Scheiben schneiden, den Rest fein würfeln. Die Papaya schälen, entkernen, fein würfeln und mit den Ananaswürfeln in einer Schüssel mischen. Die Chili waschen, trocknen, entkernen und sehr fein würfeln. Den Koriander waschen, trocken schütteln, grob hacken und mit Chili und Zitronenschale dazu geben, mit etwas Zitronensaft beträufeln, mit Salz und Pfeffer würzen und alles gut mischen. Das Fischfilet waschen, trocken tupfen, mit etwas Zitronensaft beträufeln, salzen und pfeffern und im Öl 3-5 Minuten je Seite goldbraun braten. Auf vorgewärmten Tellern anrichten und mit Frucht-Salsa und Ananashälften garniert servieren. Dazu passen Baguette, frische Brötchen oder Basmatireis.

Davie Jone´s Locker
(Pangasiusfilet)

(4 Portionen)
2 Zwiebeln
2 Knoblauchzehen
1 rote Chili
60 g grüne Oliven
(ohne Stein)
800 g gewürfelte
Tomaten
2 EL Öl
2 EL Zucker
Salz, Pfeffer
4 unbehandelte
Limetten
2 TL Honig
1 Eigelb
100 g Kokosraspeln
4 Pangasiusfilets

Die Zwiebeln und 1 Knoblauchzehe schälen und fein würfeln. Die Chili waschen, trocknen, entkernen und fein würfeln. Die Oliven fein hacken. Die Tomaten abtropfen und den Saft dabei auffangen. Das Öl in einer Pfanne erhitzen und den Zucker darin karamellisieren. Zwiebeln, Knoblauch und Chili dazu geben, dünsten und ringsum mit dem Karamell marinieren. Die Tomatenwürfel, ein wenig Tomatensoße und die Oliven hinzufügen, mit Salz und Pfeffer würzen, abdecken und 20 Minuten köcheln. Die Limetten waschen, trocken tupfen und 2 Limetten auspressen. Den Backofen auf 200°C vorheizen. Für die Kokosmischung die restliche Knoblauchzehe schälen, fein würfeln, zerdrücken und in eine kleine Schüssel geben. 2 Esslöffel Limettensaft, den Honig und das Eigelb hinzufügen und mit einer Gabel gut verquirlen. Die Kokosraspeln dazu geben und gut mischen. Den Fisch waschen, trocken tupfen und mit dem restlichen Limettensaft beträufeln. Eine feuerfeste Form fetten. Die Tomaten-Karamell-Soße hinein gießen, den Fisch darauf legen, mit Salz und Pfeffer würzen, mit der Kokossoße bestreichen und 25 Minuten goldbraun überbacken. Die restlichen 2 Limetten in Scheiben schneiden, den Fisch damit garnieren und servieren. Dazu passen Reis und fruchtige Chutneys.

Schwertfisch L´Olonnois

(4 Portionen)
1 Avocado
2 EL Limettensaft
2 Knoblauchzehen
3 Frühlingszwiebeln
½ Gurke
4 Stängel Koriander

Salz, Pfeffer
4 Schwertfischsteaks
4 EL Zitronensaft
je 1 TL Koriander, Thymian
2-3 EL Öl
1 TL Chilisoße

Für die Soße die Avocado halbieren, schälen, das Fruchtfleisch fein würfeln und in einer Schüssel sofort mit dem Limettensaft beträufeln. Den Knoblauch schälen und fein würfeln. Die Frühlingszwiebeln putzen und in feine Ringe schneiden. Die Gurke schälen, längs halbieren, entkernen und fein würfeln. Den Koriander waschen, trocken schütteln und grob hacken. Alle vorbereiteten Zutaten zu der Avocado geben, mit Salz und Pfeffer würzen, mischen und im Kühlschrank mindestens 1 Stunde ziehen lassen. Den Fisch waschen, trocken tupfen, mit Zitronensaft, Gewürzen und den Kräutern einreiben und im Öl auf beiden Seiten 3-5 Minuten goldbraun braten. Die Salsa mit Chilisoße abschmecken, in eine Schale füllen und mit dem Fisch auf einer Platte servieren. Dazu passen Reis, Weißbrot, Brötchen und grüne Salate.

Tipp: Der Fisch kann auch auf dem Grill zubereitet werden.

Escovitch

(4 Portionen)
800 g Rotbarschfilets
(oder Kabeljaufilet)
Saft von 1 Limette
1 Prise Meersalz,
Pfeffer
2 Zwiebeln

2 Möhren
2 grüne
Paprikaschoten
1 Chilischote
½ TL gemischte
Pfefferkörner
½ TL rosa Pfeffer

6-7 EL Olivenöl
1 EL brauner Zucker
1 Prise
Kardamompulver
2 Lorbeerblätter
1 Prise Chilipulver
4 EL Weißweinessig

Den Fisch waschen, trocken tupfen, mit dem Limettensaft beträufeln und mit Salz und Pfeffer würzen. Die Zwiebeln und die Möhren schälen, die Paprika putzen und alles fein schneiden. Die Chili waschen, trocknen, entkernen und fein hacken. Alle Pfefferkörner im Mörser zerstoßen. 3 Esslöffel Öl in einer Pfanne erhitzen und die Filets darin 4-5 Minuten je Seite anbraten, heraus nehmen und beiseite stellen. Im restlichen Öl das vorbereitete Gemüse bis zur gewünschten Konsistenz andünsten. Die Pfanne vom Herd nehmen. Die Gewürze und den Essig hinein geben und gut vermischen. Die Hälfte des Gemüse auf dem Boden einer flachen Form verteilen. Die Filets, dann den Rest Gemüse darauf legen, mit Alufolie bedecken, mindestens 2 Stunden kühl ziehen lassen und kalt servieren. Dazu passen Reis oder warme Baguette.

Tipp: In Jamaika wird Escovitch zum späten Frühstück serviert. Das Gericht wird kalt gegessen, kann aber im Backofen kurz erwärmt, aber nicht erhitzt werden.

Gegrillter Mangolachs

(4 Portionen)
1 große Mango
100 g Gurke
5 Stängel Koriander
2 Frühlingszwiebeln
Salz, schwarzer
Pfeffer
2 Zitronen
4 Lachssteaks
½ Bund Koriander

Die Mango schälen, das Fruchtfleisch vom Kern schneiden und fein würfeln. Die Gurke schälen, längs halbieren, entkernen und fein würfeln. Den Koriander waschen, trocken schütteln und grob hacken, zum Garnieren 2 Stängel beiseite legen. Die Frühlingszwiebeln putzen und in dünne Ringe schneiden. Alles in einer Schüssel mischen, salzen, pfeffern und abgedeckt ½ Stunde kühl ziehen lassen. 1 Zitrone auspressen, die andere in Spalten schneiden. Den Lachs waschen, trocken tupfen, auf eine Grillpfanne legen, mit Zitronensaft beträufeln und auf jeder Seite 6 Minuten grillen, bis sich die Haut leicht vom Rand löst. Auf vorgewärmten Tellern anrichten, mit Mangomischung, Korianderblättern und Zitronenspalten garnieren.

Tipp: Das Lachssteak kann auch auf dem Grill zubereitet werden.

Francis L´Olonnois

Grillfisch Maracaibo

(4 Portionen)
1 Limette
4 Fischfilets
(Heilbutt, Scholle)
4-6 cm Ingwer
3 EL Öl
1 EL Sesamöl
1 EL Sojasoße
1 EL Currypulver
1 Ananas
2 Mangos
2 Bananen

Die Limette auspressen. Den Fisch waschen, trocken tupfen und in einer flachen Form mit dem Saft beträufeln. Den Ingwer schälen, reiben und darauf verteilen. Die Form abdecken und mehrere Stunden unter Wenden kühl ziehen lassen. Für die Marinade das Öl, das Sesamöl und die Sojasoße in eine Schüssel geben, gut mit dem Curry mischen und einige Zeit ziehen lassen. Die Ananas schälen, halbieren, putzen und in Scheiben schneiden. Die Mangos schälen, das Fruchtfleisch vom Kern schneiden und in mittelgroße Streifen schneiden. Die Bananen schälen und vierteln. Alle Früchte und den Fisch mit der Marinade bestreichen. Den Fisch in einem Grillkorb oder Grillschale auf sehr heißen Kohlen beidseitig mindestens 3 Minuten grillen. Dazu passen Reis, fruchtige Chutneys und grüne Salate.

Gegrillter Mahi-Mahi

(4 Portionen)
½-1 TL Mischung aus Zimt, Nelken, Fenchelsamen, Anis
800 g Mahi-Mahi (oder Pangasius, Kabeljau)
3 EL gehackter Koriander
1-2 EL Salz
80 g Korinthen
2 feste, reife Bananen
1 TL Sesamöl
2 EL Limettenschale

Etwas Fenchelsamen in einer Pfanne trocken anrösten, im Mörser zermahlen und mit Zimt, Nelken und Anis mischen. Den Fisch waschen, trocken tupfen und in 4 Portionen teilen. Auf jede etwas Koriander drücken, großzügig salzen, in Frischhaltefolie wickeln und mindestens 1½ Stunden kühl ziehen lassen. Die Korinthen in einer kleinen Schüssel in heißem Wasser einweichen, absieben und abkühlen lassen. Die Bananen schälen, in Scheiben schneiden und in einer Schüssel mit Sesamöl beträufeln. Die Limettenschale und die Korinthen hinzufügen, mit der Gewürzmischung bestreuen und gut vermischen. Den Fisch aus dem Kühlschrank nehmen, die Folie entfernen, je Seite mindestens 5 Minuten grillen, auf 4 vorgewärmten Tellern anrichten, Salsa und Sud großzügig darauf verteilen und servieren.
Dazu passen Reis, Brötchen oder Baguette.

Fischklößchen Caribbean

(4 Portionen)
300 g Kartoffeln (ca. 4 Stück)
etwas Butter
Salz, Pfeffer, Muskat
100 ml Milch
½ kg Fischfilet
1 Zwiebel
1-3 Knoblauchzehen
1 rote Paprikaschote
½ Bund Koriander
½ verquirltes Ei
etwas Paniermehl
reichlich Frittierfett

Für den Kartoffelbrei die Kartoffeln waschen, in Wasser mindestens 25 Minuten weich garen, abkühlen, schälen, in einer Rührschüssel zerkleinern, mit Butter, Salz, Pfeffer und Muskat vermengen. Die Milch in einem kleinen Topf erhitzen und nach und nach bis zur gewünschten Konsistenz hinein rühren. Das Filet in einem Topf in etwas Salzwasser bedeckt mindestens 10 Minuten garen, aus dem Topf nehmen und abkühlen lassen. Die Zwiebel und den Knoblauch schälen und fein würfeln. Die Paprika waschen, trocknen, entkernen und fein würfeln. Den Koriander waschen, trocken schütteln und grob hacken. Den Fisch zerkleinern, letzte Gräten entfernen und mit den vorbereiteten Zutaten und dem Kartoffelbrei in eine Schüssel geben, salzen, pfeffern und gut mischen. Aus der Masse mit einem Teelöffel Teig abstechen, Bällchen formen, im Ei, dann im Mehl wenden und im Frittierfett (Fritteuse oder Topf) portionsweise goldgelb backen. Mit dem Schaumlöffel abschöpfen und auf Küchenpapier abtropfen. Die Bällchen auf einer Platte anrichten und servieren. Dazu passen Sauce Tartare, verschiedene Salsas und grüner Salat.

Tipp: Um alle Gräten vollständig zu entfernen, kann der Fisch durch den Fleischwolf gedreht werden.

Accras de Morue
(Frittierte Fischklößchen)

(4 Portionen)
250 g Stockfischfilet
½ Zwiebel
4 Knoblauchzehen
je 1 EL Petersilie und Schnittlauch
3-4 cm Ingwer
¼ TL Piment
½ EL Thymian
125 g Mehl
1 TL Backpulver
1 Ei
1-2 TL Salz
reichlich Frittierfett

Das Filet nach Bedarf zerkleinern und in einer Schüssel über Nacht wässern. Das Wasser abgießen, den Fisch in einem Topf mit frischem Wasser aufkochen und 10 Minuten köcheln lassen. Den Topf vom Herd ziehen und den Fisch abkühlen. Für die Kroketten den Stockfisch zerkleinern, Haut und Gräten entfernen und mit etwas Kochwasser in eine Schüssel geben. Die Zwiebel und den Knoblauch schälen. Petersilie und Schnittlauch waschen und trocken schütteln. Den Ingwer schälen, mit den übrigen vorbereiteten Zutaten grob zerkleinern, mit Piment und Thymian zum Fisch geben und alles pürieren. Für den Teig Mehl, Backpulver und 80-100 ml Wasser mit dem Ei in einer Rührschüssel mit dem Schneebesen gut mischen. Die Fischmasse hinzufügen, zu einem zähflüssigen Teig mischen, nach Geschmack mit Salz abschmecken und 1 Stunde kühl ruhen lassen. Das Frittierfett in einer Fritteuse oder Topf erhitzen. Mit dem Teelöffel portionsweise Teig abstechen und im Fett goldbraun frittieren. Die Bällchen mit dem Schaumlöffel abschöpfen, auf Küchenpapier abtropfen lassen und servieren.

Tipp: Statt Wasser kann für den Teig zum Teil Bier genommen werden.

Kokos-Schweine-Curry

(4 Portionen)
600 g Schweinefilet
2 EL Öl
Salz, weißer Pfeffer
4 EL Butter
1 EL Mehl
200 ml Kokosmilch
Milch nach Bedarf
1 Apfel
2 EL Currypulver
1 feste Banane
2 Pfirsiche

Das Filet waschen, trocken tupfen, in feine Streifen schneiden, im Öl goldbraun anbraten, aus der Pfanne nehmen, salzen und pfeffern. 2 Esslöffel Butter in einer Pfanne schmelzen, das Mehl unter Rühren darin andünsten, mit der Kokosmilch löschen, 2 Minuten köcheln und nach Bedarf Milch hinzufügen. Den Apfel schälen, entkernen, reiben, mit dem Curry, dann dem Fleisch hinein geben, erhitzen und mindestens 3 Minuten ziehen lassen. Mit Salz und Pfeffer abschmecken. Für die Fruchtbeilage die Banane schälen und in Scheiben schneiden, die Pfirsiche waschen, vierteln und beides im heißen Rest Butter in einer Pfanne anbraten. Das Fleisch auf 4 Tellern anrichten, mit den Früchten garnieren und servieren. Dazu passen verschiedene Reissorten.

Eintopf Karibik

(4 Portionen)
1 Zwiebel
2 rote Paprikaschoten
3 Stangen Staudensellerie
4 EL Öl
150 g Reis
½ l Gemüsebrühe
200 ml Kokosmilch
Salz, Pfeffer
4 EL Limettensaft
2 Spritzer Tabasco
½ kg Schweinefilet
12 küchenfertige Riesengarnelen

Die Zwiebel schälen und würfeln. Die Paprika waschen, trocknen, entkernen und würfeln. Den Sellerie putzen und in Scheiben schneiden. 1-2 Esslöffel Öl in einer Pfanne erhitzen und die Zwiebeln darin ringsum glasig dünsten. Das Gemüse und den Reis hinzufügen, mindestens 3 Minuten ringsum andünsten und mit der Brühe löschen. Die Kokosmilch, Salz und Pfeffer dazu geben und abgedeckt bei mittlerer Hitze 25 Minuten köcheln. Mit Salz, Pfeffer, Limettensaft und Tabasco abschmecken. Inzwischen das Filet waschen, trocken tupfen und in nicht zu dünne Scheiben (Medaillons) schneiden, im Rest Öl auf beiden Seiten je 2 Minuten goldbraun braten und mit den Garnelen 5 Minuten vor Ende der Garzeit unter den Reis mischen, fertig garen und servieren. Dazu passt warmes Baguette.

Schweinebraten Mango

(4 Portionen)
1 kg Schweinekotelett am Stück (mit Fett)
2-3 Knoblauchzehen
3-4 cm Ingwer
Kräutersalz
1 Prise schwarzer Pfeffer
½ TL Nelkenpulver
2-3 EL Öl
1-2 Chilischoten
1 Lorbeerblatt
200-300 ml Gemüsebrühe
180 ml brauner Rum
1-2 Limetten
3 EL brauner Zucker
1 feste Mango
1 Bund Frühlingszwiebeln
½-1 EL Speisestärke
50-80 ml Kokosmilch

Das Kotelett waschen, trocken tupfen und mit einem scharfen Messer die Fettschicht (nicht das Fleisch!) rautenförmig einschneiden. Den Knoblauch und den Ingwer schälen, sehr fein würfeln und mit Kräutersalz, Pfeffer und Nelken mischen. Das Fleisch damit einreiben und mindestens 1 Stunde kühl ziehen lassen. Den Ofen auf 180°C vorheizen. Das Öl in einer Pfanne erhitzen, den Braten ringsum darin anbraten und in einen Bräter legen. Die Chilis waschen, trocknen, entkernen, fein würfeln; die Hälfte mit dem Lorbeer in den Bräter geben, mit der Hälfte der Brühe und 90 ml Rum übergießen. 1 Limette auspressen und den Saft mit dem Rest Rum und dem Zucker mischen. Den Braten im Ofen 1½-2 Stunden garen, alle 20-30 Minuten mit der Rummischung beträufeln und etwas Brühe aufgießen. Die Mango schälen, entkernen und in nicht zu dünne, mundgerechte Scheiben schneiden. Die Frühlingszwiebeln putzen, waschen, trocken schütteln und in Ringe schneiden. Den Braten aus dem Ofen nehmen und warm stellen, den Bratenfond in einen Topf abgießen, aufkochen und mit dem Rest Rum-Zucker-Mischung verrühren. Die Stärke mit etwas Wasser glattrühren, einen Teil davon in die Soße rühren und bis zum Eindicken köcheln; nach Bedarf mehr Stärke unterrühren. Mango- und Zwiebelstücke in der Soße kurz erhitzen, mit dem Rest Limettensaft und Chili abschmecken und die Kokosmilch unterrühren. Den Braten in Scheiben geschnitten auf einer Platte anrichten und mit der Soße servieren. Dazu passen Reis, schmale Bandnudeln, Zuckererbsen, Zuckerschoten oder grüner Salat.

Bouchons Doubloon
(Gefüllte Teigtaschen)

(4 Portionen)
½ kg Wan-Tan-Teig (TK) (oder Nudelteig)
1 EL Maniokmehl (oder Stärke)
1 Bund Frühlingszwiebeln
½ kg gemischtes Hackfleisch
Salz, Pfeffer

Den Teig in Quadrate von 6 x 6 cm schneiden. Das Maniokmehl mit 4 Esslöffeln Wasser glatt rühren. Die Frühlingszwiebeln putzen, in dünne Ringe schneiden, mit dem Fleisch, Maniok, Salz und Pfeffer vermengen. Die Teigblätter auf eine Arbeitsfläche legen. Eine Teigplatte in die Hand nehmen, etwas Fleischmasse in die Mitte geben und die Ecken über der Mitte zu einem Beutel (Bouchon) zusammenfalten. In kochendem Wasser 15 Minuten garen, abtropfen und servieren. Dazu passen Jerkdips und -soßen, Chilisoßen, helle Soßen nach Geschmack, grünes Gemüse und Salate. Die Bouchons schmecken ähnlich wie Maultaschen.

Wan-Tan-Teig

(250 g)
200 g Mehl
1 Ei

Die Zutaten mit 50 ml Wasser glatt kneten. In einem Gefrierbeutel 20 Minuten ruhen lassen und portionsweise (mit der Nudelmaschine) 1 mm dünn auswellen. Nach Bedarf weiter verarbeiten.

Banana picante (Fleischbällchen)

(4 Portionen)
1 Knoblauchzehe
2 Bananen
375 g gemischtes Hackfleisch
1 Ei
3 EL Paniermehl

1 TL Senf
Salz, Pfeffer
1 TL Paprikapulver edelsüß
½ TL Paprikapulver rosenscharf
3-5 Tropfen Tabasco
2 EL Öl

2 Zwiebeln
2 Dosen gewürfelte Tomaten (800 g)
1 Mango
1 Prise Zucker
Saft von ½ Zitrone
½ Bund Petersilie

Den Knoblauch schälen und fein hacken. 1 Banane schälen und mit einer Gabel zerdrücken. Beides mit dem Hackfleisch, Ei, Paniermehl, Senf und den Gewürzen in einer Schüssel zu einem glatten Teig verkneten. Die Hände leicht anfeuchten. Mit dem Teelöffel Teig abstechen und zu kleinen Bällchen formen. Das Öl in einer Pfanne erhitzen, die Fleischbällchen darin ringsum goldbraun anbraten, aus der Pfanne nehmen und warm stellen. Für die Soße die Zwiebeln schälen, würfeln, in der Pfanne anbraten, mit den Tomaten löschen und bei mittlerer Hitze etwas einkochen. Die Mango schälen, entkernen und würfeln. Die zweite Banane schälen, in Scheiben schneiden und mit der Mango dazu geben, mit Salz, Pfeffer, Zucker und Zitronensaft abschmecken. Die Petersilie waschen, trocken schütteln, hacken, über die Soße streuen und mit den Fleischbällchen servieren. Dazu passen Reis, Baguette und Salate.

Fléau des Espagnols
(Eintopf)

(4 Portionen)
5 Tomaten
2 Paprikaschoten
1 Apfel
2 Zwiebeln
2 Knoblauchzehen
2 EL Öl

400 g Rinderhackfleisch
Salz
1 Prise Cayennepfeffer
1 TL Paprikapulver edelsüß
1 Prise Nelkenpulver

1 TL Thymian
Schale von 1 unbehandelten Zitrone
¼ l Fleischbrühe
50 g Mandeln
2 Bananen

Die Tomaten und die Paprika waschen, trocknen und würfeln. Den Apfel schälen, putzen und würfeln. Die Zwiebeln und den Knoblauch schälen, fein hacken und im Öl glasig dünsten. Das Hackfleisch hinzufügen und ringsum goldbraun anbraten, Tomaten und Paprika dazu geben, kurz anbraten und mit den Gewürzen und etwas Zitronenschale abschmecken. Mit der Brühe löschen, 15 Minuten offen köcheln und nochmals abschmecken. Die Mandeln in einer erhitzten Pfanne trocken rösten. Die Bananen schälen, in Scheiben schneiden, in den Fleischtopf geben, vorsichtig unterheben und kurz erwärmen. Den Eintopf vom Herd nehmen, in einer Schale anrichten und mit Mandeln bestreut servieren. Dazu passen Fladenbrot und geröstete Toastbrotecken.

Jerk Spareribs

(4 Portionen)
2 Zwiebeln
2 Knoblauchzehen
4 rote Chilischoten
1/3 TL Zimt
1/3 TL Nelkenpulver
1/3 TL Piment

Salz, Pfeffer
Saft von 1 Orange
4 EL brauner Zucker
2 TL weißer Rum
8 EL Olivenöl
2 kg Sparerips

Für die Marinade die Zwiebeln und den Knoblauch schälen und fein würfeln. Die Chilis waschen, trocknen, nach Wunsch entkernen, in feine Ringe schneiden, mit allen Zutaten außer dem Fleisch mischen. Die Spareribs damit bestreichen und mindestens 5 Stunden kühl marinieren; zwischendurch immer wieder wenden. Den Rest Marinade beiseite stellen.
Die Spareribs ½ Stunde grillen, immer wieder wenden und mit Marinade bepinseln. Dann mit gewünschten Beilagen servieren. Dazu passen Baguette, Bratkartoffeln, schwarze Bohnen und gegrillte Kochbananen.

Jerk and Pork

(4 Portionen)
4 rote Chilischoten
2-3 cm Ingwer
2 Zwiebeln
5-6 Knoblauchzehen
1 EL trockener Thymian
1 EL Piment (Allspice)
3 TL brauner Zucker
2 TL Salz
1 EL grober schwarzer Pfeffer
je ½ TL Zimt, Muskat
80 ml Öl
80 ml Sojasoße
180 ml Orangensaft
160 ml Weißweinessig
Saft von ½ Limette
1 kg Schweineschnitzel

Für die Marinade die Chilis waschen, trocknen, entkernen und würfeln. Den Ingwer, die Zwiebeln und den Knoblauch schälen und fein würfeln, mit den restlichen Marinade-Zutaten in einer Schüssel pürieren. Die Schnitzel waschen, trocken tupfen und in Quadrate von 10 x 10 cm schneiden. Mit einer Gabel mehrmals einstechen und in einer Schüssel mit der Hälfte der Marinade (nach Bedarf mehr) vermischen, kühl mindestens 12 Stunden oder über Nacht marinieren, dabei immer wieder wenden. Dann unter Wenden sanft knusprig braun grillen, auf Tellern anrichten und mit dem Rest Marinade servieren. Dazu passen schwarze Bohnen, Erbsen, Zuckerschoten, verschiedene Salate und Reis.

Tipp: Das Gericht wird meist mit scharfen Chilis zubereitet und kann auch im Backofen gegart werden. Für sanftes, „indirektes" Grillen links und rechts in einen Kugelgrill oder Grill mit Deckel Kohlen aufhäufen. In die Mitte eine Saftschale stellen. Wenn die Kohlen glühen, den Deckel schließen und 10 Minuten vorheizen. Das Fleisch in die Mitte des Rosts legen und bei geschlossenem Deckel sanft knusprig braun garen. Immer wieder wenden und kontrollieren, ob Kohle nachgefüllt werden muss. Den Bratensaft nach Belieben verwenden.

Tamale Pie
(Maisgrieß-Auflauf)

(4 Portionen)
2 Zwiebeln
2 Paprikaschoten
3 Knoblauchzehen
1 Dose Mais
2-3 EL Öl
½ kg Rinderhackfleisch
800 g gewürfelte Tomaten
2 Chilischoten
100 g grüne Oliven
1 EL Kapernäpfel
1½ TL Salz, schwarzer Pfeffer
150 g geriebener Gouda
30 g Butter
½ l Milch
150 g feiner Maisgrieß

Die Zwiebeln schälen und würfeln. Die Paprika waschen, trocknen, entkernen und würfeln. Den Mais abtropfen. Das Öl in einer Pfanne erhitzen und Zwiebeln und Hackfleisch darin anbraten. Paprika und Knoblauch, dann Tomaten, Mais, ganze Chilischoten, Oliven und Kapernäpfel hinzufügen, salzen, pfeffern und bei mittlerer Hitze 20 Minuten köcheln. Den Backofen auf 180°C vorheizen. Die Chilis entfernen und den Reibekäse hinein rühren. Eine feuerfeste Form mit etwas Butter einfetten und die Fleischmischung hinein füllen. Für den Grießbrei die Milch erhitzen, Maisgrieß mit Salz hinein rühren und bei kleiner Hitze und unter Rühren köcheln, bis er eindickt, nach Bedarf Milch hinzufügen. Den Rest Butter hinein geben. Den Brei über das Fleisch verteilen und 40 Minuten goldbraun backen.

Beef Jerky Cutlass (Dörrfleisch)

(4 Portionen)
8 Rinderrouladen
200 ml Worcestersoße
200 ml Sojasoße
2 TL Zwiebelgranulat
2 TL Zwiebelsalz
2 TL Knoblauchgranulat
2 TL Knoblauchsalz
2 EL Ketchup
1 TL Pfefferkörner
1 Prise Chilipulver

Die Rouladen waschen, trocken tupfen und in höchstens 3 cm breite Streifen schneiden. Alle übrigen Zutaten mischen, das Fleisch mit der Marinade bedecken und mindestens 12 Stunden oder über Nacht kühl darin marinieren, dabei ab und zu wenden. Den Backofen auf 50°C vorheizen. Den Ofenboden mit Alufolie belegen. Das Fleisch aus der Marinade nehmen, dicht auf 1 (nach Bedarf zwei) Rost (-e) legen und bei offener Ofentür (Kochlöffel!) mindestens 5 Stunden trocknen. Die Streifen immer wieder kontrollieren, fertige heraus nehmen. Danach gut abkühlen lassen, in einem verschließbaren Gefäß kühl aufbewahren und innerhalb einiger Wochen verbrauchen. Dörrfleisch ist ein leckerer Snack und passt auch zu Grillgerichten.

Tipp: Das Fleisch muss, um haltbar zu sein, gleichmäßig durchgetrocknet sein. Trocknet es zu schnell, ist es innen noch feucht.

Putenbrust mit Mango

(4 Portionen)
2 reife Mangos
1 Zwiebel
400 ml Geflügelfond
je ½ TL Chili- und Zitronengraspulver
1 TL Curry
Salz, Pfeffer
200 ml süße Sahne
600 g Putenbrust
1 EL dunkle Sojasoße
2 EL Olivenöl
2 EL Zucker

Für die Soße die Mangos schälen, entkernen, würfeln und ein Viertel davon beseite stellen. Den Rest pürieren. Die Zwiebel schälen und fein würfeln. Den Fond in einem Topf aufkochen, Zwiebel und Mangopüree, dann die Gewürze hinzufügen. Bei mittlerer Hitze etwas reduzieren, die Sahne hinein geben und weiter köcheln. Das Fleisch waschen, trocken tupfen, in dünne Streifen schneiden, im heißen Öl goldbraun braten, mit Sojasoße beträufeln und in die Mangosoße legen. Etwas Wasser und den Zucker in einer Pfanne aufkochen und unter Rühren goldbraun karamellisieren. Die Mangowürfel hinein geben, unter ständigem Rühren mit dem Karamell überziehen, kurz in der Mangosoße ziehen lassen und mit dem Fleisch servieren. Dazu passen Basmatireis, Fladenbrot, Baguette und grüner Salat.

Tipp: Soße und Fleisch können auch getrennt serviert werden.

Casado Costa Rica

(4 Portionen)
120 g schwarze Bohnen
120 g Langkornreis
4 Möhren
2-3 Schalotten
2-3 Knoblauchzehe
4-5 cm Ingwer
2 TL Butter
16 EL Gemüsebrühe
300 g TK-Blattspinat
Salz, Pfeffer
1 Prise Zucker
300 g Hähnchenfilet
2 EL Öl
2 kleine Kochbananen
4-6 EL gehackter Koriandera

Die Bohnen über Nacht einweichen, dann, ebenso wie den Reis, nach Packungsangabe zubereiten, abgießen und beiseite stellen. Die Möhren schälen, längs halbieren und schräg in Scheiben schneiden. Die Schalotten, den Knoblauch und den Ingwer schälen, fein würfeln und in der Butter in einem Topf glasig dünsten. Die Möhren, dann die Brühe dazu fügen und alles aufkochen. 5 Minuten bei mittlerer Hitze köcheln, den Spinat hinzufügen, mindestens 3 Minuten garen und mit Salz, Pfeffer und Zucker abschmecken. Die Filets waschen, trocken tupfen, im Öl auf jeder Seite mindestens 4 Minuten anbraten und mit Salz und Pfeffer würzen. Die Kochbananen schälen, längs halbieren und beidseitig kurz anbraten. Reis und Bohnen zum Spinat geben, mischen und auf 4 Tellern anrichten. Das Filet schräg in Medaillons schneiden und hinzufügen. Das Gericht großzügig mit dem Koriander bestreuen, mit je ½ gebratenen Kochbanane garnieren und servieren. Dazu passt ein Sauerrahm-Dip, Gemüse, Salate und Tortillas.

Tipp: „Casado“ (wörtlich „Verheirateter“) bekommen karibische Ehemänner täglich mit verschiedenen Erweiterungen mittags und abends auf den Tisch.

Hähnchen Gibraltar

(4 Portionen)
4 Hähnchenschlegel
Salz, Pfeffer
2 TL Paprikapulver edelsüß
2-3 EL Öl
200 g Ananas
200-250 ml Orangensaft
50 g Rosinen
100 g gehackte Mandeln
3 TL Mehl
1 TL Zimt
½ TL Nelkenpulver
1-2 TL Zucker
3 TL Zitronensaft

Den Backofen auf 180°C vorheizen. Die Hähnchenschlegel waschen, trocken tupfen, mit Pfeffer und Paprika gut würzen, im Öl ringsum goldbraun anbraten und in eine feuerfeste Form legen. Das Ananasfleisch abtropfen, hacken, mit den restlichen Zutaten mischen, über die Schlegel geben und je nach Dicke 50-90 Minuten im Ofen überbacken. Die Temperatur auf 250°C erhöhen, die Hähnchenschlegel knusprig braun überbacken, aus dem Ofen nehmen und in der Soße servieren. Dazu passen Reis und Feldsalat.

Hühnerbrust Sambal Oelek

(4 Portionen)
2 Stück Hühnerbrust
3-4 EL Mehl
3 Knoblauchzehen
1 cm Ingwer
12 EL Orangensaft
2 TL Sambal Oelek
6 EL Sojasoße
6 EL dunkles Sesamöl
6 EL Honig

Den Backofen auf 200°C vorheizen. Das Fleisch waschen, trocken tupfen und im Mehl wälzen. Den Knoblauch und den Ingwer schälen, fein würfeln, mit den restlichen Zutaten mischen, in eine feuerfeste Form verteilen und die Hühnerbrust darauf legen. Je nach Dicke 30-40 Minuten im Ofen backen, wenden und weitere 15 Minuten backen. Dazu passen Reis, grüne Salate, Chicorée oder Gemüse.

Hühnerbrust Kreolisch

(4 Portionen)
2 Knoblauchzehen
4 EL gewürfelte Tomaten
2 TL Dijon-Senf
3 EL Sojasoße
3 TL Honig
3 EL Öl
1 Prise Chilipulver
4 Stück Hühnerbrust
30 g weißer Sesamsamen

Den Knoblauch schälen, fein würfeln, mit den Tomaten, dem Senf, der Sojasoße, dem Honig, 2 Esslöffeln Öl und Chili gut mischen. Den Backofen auf 200°C vorheizen. Eine feuerfeste Form mit dem Rest Öl fetten. Das Fleisch waschen, trocken tupfen, in die Form legen, mit der Soße begießen, mit Alufolie abdecken und je nach Dicke 30-40 Minuten im Ofen garen. Nach 20 Minuten die Folie entfernen, das Fleisch mit Sesam bestreuen und goldbraun fertig backen. Dazu passen Reis, Erbsen, Brokkoli, Zuckerschoten und Salate.

Gallo Pinto

(4 Portionen)
2 Zwiebeln
1 Paprikaschote (grün oder rot)
4 EL Öl
260 g Langkornreis (nicht parboiled!)
200 g gegarte, schwarze Bohnen (Dose)
½ Bund Koriander
200 g Sauerrahm
3 EL Maiskeimöl
Salz
3-4 Kochbananen

1 Zwiebel schälen und fein würfeln. Die Paprika waschen, trocknen, entkernen, würfeln und die Hälfte davon mit der Zwiebel in der Hälfte des Öls glasig dünsten. Den Reis hinzufügen, unter Rühren goldgelb andünsten, mit Wasser bedecken und abgedeckt bei mittlerer Hitze garen, bis das Wasser aufgesogen ist (nach Bedarf Wasser hinzufügen). Den Reis abkühlen und mindestens 2 Stunden kühl ruhen lassen. Die Bohnen abtropfen, etwas Sud dabei auffangen. Die zweite Zwiebel schälen, fein würfeln und mit dem Rest Paprika und den Bohnen im Rest Öl goldbraun anbraten. Einen Teil der Bohnen mit der Gabel zerdrücken. Etwas Bohnensud unterrühren, einkochen lassen und den Reis hinzufügen. Den Koriander waschen, trocken schütteln, hacken in die Pfanne geben, gut mischen und mit Salz abschmecken. Den Rahm in eine Schale geben. Das Maiskeimöl in einer zweiten Pfanne erhitzen. Die Kochbanane schälen, längs in Scheiben schneiden, beidseitig darin goldbraun braten, auf Küchenpapier abtropfen, auf den Reis (Gallo Pinto) legen und mit Sauerrahm servieren. Dazu passen Rührei, Spiegelei, Kurzgebratenes und Tortillas.

Tipp: Gallo Pinto („gefleckter Hahn“) wird meist mit Rührei, Kochbananen und Sauerrahm zum Frühstück serviert. Je nach Gegend variieren die Namen und die Arten der Zubereitung. Reis und Bohnen werden am Vortag zubereitet.

Kokos-Cashew-Bohnen

(4 Portionen)
2 Zwiebeln
3 Knoblauchzehen
2 Möhren
425 g Kidneybohnen (Dose)
1 rote Chilischote
3 EL Öl
2 Lorbeerblätter
3 EL Tomatenmark
150 ml Gemüsebrühe
200 g gewürfelte Tomaten (Dose)
400 ml Kokosmilch
Salz, Pfeffer
1 EL Paprikapulver edelsüß
100 g Cashewnüsse
5 Stängel Koriander

Die Zwiebeln und den Knoblauch schälen und fein würfeln. Die Möhren putzen und in dünne Scheiben schneiden. Die Bohnen kalt abspülen und abtropfen. Die Chili waschen, trocknen, nach Geschmack entkernen und in Ringe schneiden. Das Öl in einem großen Topf erhitzen und Zwiebeln und Möhren darin andünsten. Knoblauch, Chili, Lorbeer und Tomatenmark hinzufügen, bei mittlerer Hitze 5 Minuten dünsten und mit der Brühe und den Tomaten löschen. Die Kokosmilch und die Bohnen hinzufügen, mit Salz, Pfeffer und Paprika würzen und bei mittlerer Hitze offen 12 Minuten garen. Eine Pfanne erhitzen und die Cashewnüsse darin trocken rösten. Den Koriander waschen, trocken schütteln und grob hacken. Die Cashews zum Gemüse in den Topf geben, kurz ziehen lassen und alles mit Koriander bestreut servieren. Dazu passt Reis oder Baguette.

Bohnentopf Darién

(4 Portionen)
2 Dosen (800 g)
weiße Bohnen
(oder Kidneybohnen)
3 Zwiebeln
4 Knoblauchzehen
2 Paprikaschoten
1-2 rote Chilischoten
3 EL Öl
800 g gewürfelte
Tomaten
600 g Reis
Salz, Pfeffer,
Currypulver

Die Bohnen abtropfen. Die Zwiebeln und den Knoblauch schälen und würfeln. Die Paprika und die Chili waschen, trocknen, entkernen und würfeln. Das Öl in einer Pfanne erhitzen und die Zwiebeln darin goldbraun rösten, Paprika- und Tomatenwürfel, Chili und Knoblauch hinzufügen und ringsum andünsten. Die Bohnen und den Reis dazu geben, mit 600-800 ml Wasser aufgießen und mit Salz, Pfeffer und Curry würzen. Bei mittlerer Hitze 20 Minuten garen und servieren. Dazu passen Salate, Kurzgebratenes und Fleischküchlein.

Kokos-Auberginen

(4 Portionen)
850 g Auberginen
1 EL Salz
2 Zwiebeln
2 Knoblauchzehen
8 EL Öl
400 g gewürfelte Tomaten
300 ml Kokosmilch
2 EL Kokosraspeln
½ TL schwarzer Pfeffer

Den Backofen auf 180°C vorheizen. Die Auberginen waschen, trocken tupfen, in 1 cm dicke Scheiben schneiden, mit Salz bestreuen, in ein Sieb legen, mit einem Teller beschweren und 20 Minuten ziehen lassen. Die Zwiebeln schälen und in Ringe schneiden. Den Knoblauch schälen und fein würfeln. Die Auberginenscheiben kurz abspülen, trocken tupfen, in 6 Esslöffeln Öl in einer Pfanne beidseitig bei mittlerer Hitze 10 Minuten goldbraun braten, heraus nehmen und auf Küchenpapier abtropfen. Das restliche Öl in die Pfanne geben, die Zwiebeln hinzufügen und goldbraun braten. Den Knoblauch hinzufügen, kurz andünsten und die Tomaten aufgießen. 2-3 Minuten köcheln, die Kokosmilch dazu geben und mit Salz und Pfeffer abschmecken. Die Auberginenscheiben in eine feuerfeste Form schichten, mit der Soße übergießen, mit Alufolie abdecken und ½ Stunde backen. Die Folie entfernen, mit den Kokosraspeln überstreuen und 5 Minuten überbacken. In der Form servieren. Dazu passen Reis, Fladenbrot oder Baguette.

Tipp: Die Auberginen werden langsam gebraten, so brennen sie nicht so leicht an und garen gleichzeitig.

Karibisches Gemüse

(4 Portionen)
6 Möhren
2 Zucchini
400 g Kartoffeln
1 Prise Salz
1½ TL brauner Zucker
1 TL Zimt
4-5 EL Olivenöl
150 g Cheddar (oder Gouda)

Den Backofen auf 180°C vorheizen. Die Möhren und die Zucchini waschen, putzen, in Scheiben und dann in Streifen schneiden. Die Kartoffeln gründlich waschen, mit Schale in Scheiben, dann in Würfel schneiden, mit dem Gemüse in einer Schüssel mit Salz, Zucker, Zimt und Öl mischen. Ein Blech mit Backpapier auslegen, das Gemüse darauf ausbreiten und im Ofen 15 Minuten garen. Mit dem Käse bestreuen, 10 Minuten weiter backen und sofort servieren. Das Gemüse kann als Hauptgericht mit und ohne Fleisch und als Beilage verwendet werden. Es passt gut zu Fischgerichten und Geflügel.

Tipp: Das Gemüse kann auch ohne Käse zubereitet werden.

Anne Bonny

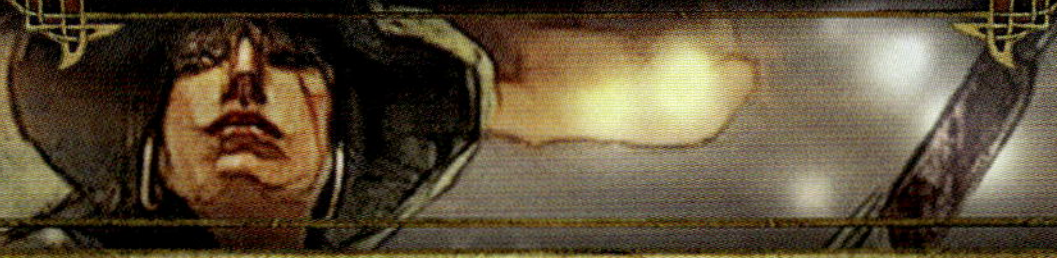

Sie wurde um 1690 in Irland als uneheliche Tochter von William Cormac und seiner Magd geboren, weshalb die Familie nach Amerika auswanderte. In Charleston verliebte sie sich in den Piraten James Bonny, mit dem sie nach ihrer Hochzeit nach New Providence zog. Ihr neuer Wohnort war die damalige Hauptstadt der Piraten und Wohnort von Legenden wie C.J. Rackham. Er war auch der Grund dafür, dass Anne ihren Mann verließ und auf dem Schiff von Charles Vanes anheuerte: Rackham war Steuermann auf eben jenem Schiff. Anne Bonny musste sich stets als Mann verkleiden, weil Frauen per Piratengesetz auf den Piratenschiffen verboten waren. Allerdings kam es zur Enthüllung ihrer Identität, weshalb sie einen Mann, der seinen Unmut geäußert hatte, tötete. Anne und Rackham übernahmen das Schiff und heuerten einen Mann namens Mark Read an. Bald stellte sich heraus, dass es sich dabei ebenfalls um eine Frau handelte, Mary Read. Das Trio um Anne, Rackham und Mary machte eine Zeit lang die Karibik unsicher. In dieser Zeit wurde Anne Bonny schwanger. Sie brachte das Kind auf Kuba zur Welt. Im Jahr 1720 wurde ihr Schiff von einem Kriegsschiff angegriffen. Es war ein günstiger Moment, da die gesamte Crew betrunken unter Deck lag. Lediglich die beiden Frauen leisteten eine Zeit lang Widerstand. Am 28. November 1720 wurde das Urteil über Rackham, Anne und Mary und deren Crew gefällt. Die Männer wurden alle getötet durch den Strang, die beiden Frauen wurden aufgrund ihrer Schwangerschaft vorübergehend verschont. Die wohl berühmtesten Worte von Anne waren, am Rackham gerichtet: „Hättest du gekämpft wie ein Mann, müsstest du jetzt nicht hängen wie ein Hund.“ Anne wurde ein Aufschub gewährt. Was danach in ihrem Leben passierte, ist nicht bekannt.

Caipirinha Sorbet

(4 Portionen)
50 g brauner Zucker
Saft von 2 Limetten
150 ml Cachaça
(Zuckerrohrschnaps)
1 Ananas
einige Minzblättchen
4 Physalis

150 ml Wasser in einem Topf aufkochen, den Zucker darin auflösen, Saft und Cachaça dazu geben und in einer Rührschüssel abkühlen und mindestens 2 Stunden gefrieren lassen; alle 20 Minuten gut umrühren. Die Ananas schälen, vierteln, putzen, in mittelgroße Würfel schneiden und auf 4 Dessertschalen verteilen. Das Sorbet mit dem Handrührgerät oder Pürierstab kurz durchrühren und auf die Ananaswürfel häufeln. Mit Minze und Physalis garniert servieren.

Obstsalat Treasure

(4 Portionen)
2 Nektarinen
2 Kiwis
1 Ananas
2 Bananen
1 Honigmelone
1 Packung
Vanillezucker
200 ml süße Sahne
1 EL Zucker
100 ml Kokosmilch

Die Nektarinen waschen, trocknen, vierteln und entkernen. Die Kiwis, die Ananas und die Bananen schälen und würfeln. Die Melone halbieren, entkernen, das Fruchtfleisch auslösen und in Würfel schneiden. Alle Früchte in einer Schüssel mit dem Vanillezucker mischen und mindestens 1 Stunde gut durchkühlen. Für die Kokossahne die Sahne steif schlagen und den Zucker und die Kokosmilch nach und nach hinzufügen. Die Früchte in Dessertschalen füllen und mit der Kokossahne garniert servieren.

Creme Piña Colada

(4 Portionen)
4 EL Vanillepuddingpulver
½ l Kokosmilch
4-6 EL Zucker
4 TL Limettenschale (oder Backzutat Zitronenschale)
200 ml süße Sahne
400 g Ananaswürfel
8 EL weißer Rum

Das Puddingpulver mit 4 Esslöffeln Kokosmilch glatt rühren. Den Rest Kokosmilch mit dem Zucker und der Schale in einem Topf aufkochen. Das Puddingpulver kräftig hinein rühren, kurz aufkochen und eindicken lassen. Den Pudding in eine Schüssel füllen, mit einer Frischhaltefolie abdecken und abkühlen lassen. Die Sahne steif schlagen. Die Ananaswürfel abtropfen. Den Pudding mit dem Rum mischen und die Sahne mit dem Schneebesen unterheben. Im Wechsel Kokoscreme und Ananaswürfel in Gläser schichten, ½ Stunde gut kühlen und servieren.

Tipp: Die Creme kann zusätzlich mit Kokoskrokant (siehe Seite 101) geschichtet oder garniert werden.

Creme Boucaniers

(4 Portionen)
2 Packungen Vanillepuddingpulver
1 l Multivitaminsaft (Direktsaft)
1 Vanilleschote
Zucker nach Geschmack
3-6 EL weißer Rum
400 ml süße Sahne
2 TL Kokoskrokant

Das Puddingpulver mit mindestens 100 ml Multivitaminsaft glatt rühren und den Rest Saft in einen Topf geben. Die Vanilleschote längs einritzen, das Mark auskratzen und mit der Schote und Zucker nach Geschmack dazu geben. Aufkochen, die Schote entfernen, den Rum und das angerührte Puddingpulver kräftig mit dem Schneebesen unterrühren. Unter ständigem Rühren kurz aufkochen, eindicken lassen und sofort in eine Schüssel füllen. Mit etwas Zucker bestreuen, mit Frischhaltefolie abdecken, abkühlen und mindestens 1 Stunde im Kühlschrank durchkühlen. Die Sahne steif schlagen. Den Pudding aus dem Kühlschrank nehmen, die Folie abziehen, nach Bedarf mit Zucker abschmecken, mit dem Schneebesen kräftig durchrühren und die Sahne vorsichtig mit dem Schneebesen unterheben. Die Creme in Dessertschalen füllen, mindestens 1 Stunde kalt stellen, nach Geschmack mit Kokoskrokant garnieren und servieren.

Tipp: Die Creme kann auch mit frischen Früchten (Ananas, Mango, Pfirsich) auf Desserttellern angerichtet werden.

Kokoscreme Orange

(4 Portionen)
4 Blatt weiße Gelatine
200 ml Kokosmilch
60 g Zucker
1 Packung Vanillezucker
3 EL Kokoslikör
200 ml süße Sahne

Für die Garnitur:
3 Orangen (oder Mango, Kiwi)
3 EL Zucker
Zitronenmelisse-Blättchen

Die Gelatine in einer kleinen Schüssel mit kaltem Wasser einweichen. Die Kokosmilch in einem Topf geben. Mit Zucker und Vanillezucker erwärmen, die ausgedrückten Gelatineblätter darin auflösen, etwas abkühlen, den Kokoslikör unterrühren, abkühlen und kalt stellen, bis die Mischung zu gelieren beginnt. Die Sahne steif schlagen und mit dem Schneebesen vorsichtig unterheben. Die Creme in den Kühlschrank stellen und über Nacht fest werden lassen. Für die Garnitur die Orangen mit der weißen Haut schälen und die Filets auslösen. Den Zucker in einer Pfanne hellbraun karamellisieren. Mit 120 ml Wasser löschen, die Hitze reduzieren und unter Rühren köcheln, bis sich alles auflöst. Die Orangenfilets auf Desserttellern anrichten und mit dem Karamell (oder Orangenlikör) beträufeln. Mit einem angefeuchteten Esslöffel Nocken aus der Creme abstechen, neben den Orangen anrichten, mit Zitronenmelisse garnieren und servieren.

Tipp: Sind die Orangen zu sauer, vor dem Servieren nachzuckern. Die Creme kann auch in Dessertschalen mit den Orangen belegt und mit Karamell übergossen serviert werden.

Vollmilch-Kokosriegel

(4 Portionen)
200 ml süße Sahne
2 EL Zucker
60 g Butter
200 g Kokosraspeln
300 g
Vollmilchschokolade

Die Sahne, den Zucker und die Butter unter Rühren in einem Topf erhitzen, bis sich der Zucker aufgelöst hat. Die Kokosraspeln hinein geben und gut mischen. Ein Backblech mit Backpapier auslegen. Die Masse darauf häufeln und zu einem mindestens 2 cm dicken Quadrat ausstreichen, dabei leicht festdrücken. Nach dem Abkühlen, mit einem scharfen Messer in Streifen, dann in Rechtecke von 2 x 5 cm schneiden. Das Backpapier vom Blech ziehen, überstehendes Papier entfernen und die Riegel mindestens 2 Stunden im Kühlschrank fest werden lassen. Die Schokolade im Wasserbad oder in der Mikrowelle portionsweise schmelzen, über die Riegel gießen und trocknen lassen.

Kokossahne mit Ananas

(4 Portionen)
140 g (8 Stück) Kokosriegel (S. 93)
200 ml süße Sahne
3 EL Zucker
150 g Vanillepudding
2 EL Rum
1 Baby-Ananas
2 EL Öl

Die Kokosriegel mindestens 1 Stunde ins Gefrierfach legen. Die Sahne mit 1 Esslöffel Zucker steif schlagen. Den Pudding mit dem Rum mischen und unter die Sahne heben. Die Kokosriegel längs in dünne Scheiben schneiden, fein würfeln, hacken und unter die Puddingmischung heben. Die Ananas schälen, halbieren, putzen, in Scheiben schneiden, beidseitig im Öl anbraten, mit dem Rest Zucker bestreuen, abkühlen und mit der Creme auf Desserttellern anrichten.

Tipp: Kokosriegel gibt es auch fertig zu kaufen.

Kokosmilchreis mit Ananas

(4 Portionen)
1 l Kokosmilch
150 g Milchreis
2 Prisen Salz
50 g Zucker
1 Kokosnuss
1 Packung Vanillezucker
250 g Ananasscheiben

Die Kokosmilch in einem großen Topf erhitzen (Vorsicht, kocht leicht über!). Den Milchreis hinein rühren, mit Salz und Zucker würzen. Bei mittlerer Hitze nach Packungsangabe zu einem zähflüssigen Brei köcheln, dabei immer wieder umrühren. Die Kokosnuss von der Schale befreien und das Fleisch in schmale Streifen schneiden. Den Milchreis auf Tellern anrichten, mit Vanillezucker bestreuen und mit Kokosnuss und Ananas garniert servieren.

Tipp: Der Milchreis schmeckt auch mit tropischen Früchten und Vanilleeis.

Caipiñas

(4 Portionen)
4 unbehandelte Limetten (Saft und Schale)
4-5 EL brauner Zucker
300 ml süße Sahne
300 g Crème fraîche
2-3 EL Rum
200 g Löffelbiskuits
200 g frische Ananas

Die Limetten waschen, trocken tupfen, die Schale abreiben und den Saft auspressen. Diesen mit 2-3 Esslöffeln Zucker mischen. Für die Creme die Sahne steif schlagen. Die Crème fraîche mit dem Rest Zucker mischen, ein Drittel vom Limettensaft, die Limettenschalen und den Rum hinzufügen. Alles gut mischen und die Sahne vorsichtig unterheben. Den Boden einer rechteckigen, flachen Form mit der Hälfte der Löffelbiskuits (mit der gezuckerten Seite unten) auslegen, ein weiteres Drittel des Limettensafts darauf träufeln. Die Ananas schälen, halbieren, putzen, in Scheiben, dann in mundgerechte Stücke schneiden und einige Scheiben Ananas für die Dekoration zurücklegen. Den Rest Ananas auf die Biskuits legen, mit der halben Creme bestreichen, restliche Biskuits darauf legen und mit dem Rest Limettensaft tränken. Schließlich die übrige Creme obenauf glatt streichen. Die Form abdecken und mindestens 5 Stunden im Kühlschrank ziehen lassen. Das Dessert mit den Deko-Ananasscheiben garniert servieren.

Tipp: Wird Dosen-Ananas verwendet, den Zucker reduzieren.

Rum-Zabaione

(4 Portionen)
1 Vanilleschote
5 EL brauner Zucker
30 ml Jamaica Rum
2 TL Speisestärke
5 Eier
Schokoladen-
kaffeebohnen
(Backzutat)
4 kandierte
Ananasstücke

Die Vanilleschote längs einritzen, das Mark auskratzen und mit dem Zucker, dem Rum und der Stärke in einem Topf unter Rühren erhitzen (nicht kochen!). Bei kleiner Hitze warm halten. Die Eier in einer Schüssel aufschlagen, mit dem Handrührgerät oder Schneebesen im Wasserbad auf ihr doppeltes Volumen schaumig schlagen. Nach und nach die Rum-Mischung heiß hinein rühren. Die Creme zur Rose aufschlagen (s. unten) und im kalten Wasserbad unter Rühren abkühlen. Auf 4 Dessertschalen verteilen, mit Kaffeebohnen und Ananas garnieren und servieren.

Tipp: „Zur Rose aufschlagen“ ist eine Methode festzustellen, ob die Creme fest genug ist. Dazu einen Löffel in die Creme tauchen, umdrehen und auf die Masse pusten. Bildet sich ein Rosenblütenmuster, ist die Creme fertig.

Papaye au four
(Überbackene Papayas)

(4 Portionen)
2 reife, weiche Papayas
Fett für die Form
4 EL Limettensaft
4 EL brauner Zucker
4 TL Rum (Planteur)
20-40 g Butter
2 Vanilleschoten
200 ml Kokosmilch

Den Backofen auf 230°C vorheizen. Die Papayas längs halbieren und entkernen. Eine feuerfeste Form leicht fetten und die Papayahälften hinein legen. In jede Papayahälfte je 1 Esslöffel Limettensaft und Zucker, 1 Teelöffel Rum und ½ Teelöffel Butter füllen. Die Vanilleschoten längs einritzen, halbieren und auf die Papayas verteieln. Die Form im Ofen 20-30 Minuten überbacken. Die Schoten entfernen, die Kokosmilch auf die Hälften träufeln und servieren.

Tipp: Die Papayas können heiß oder warm serviert werden. Das Gericht kann auch mit Hokkaido-Kürbis abgewandelt werden.

Kokoskugeln Karambole

(1 Portion)
50 ml flüssiger Honig
25 g Doppelrahm-frischkäse
100 g Kokosraspeln
100 ml süße Sahne
1 Packung Schokoladen-soßenpulver
50 g Zucker
½ l Milch
2-3 Sternfrüchte
2 Stängel Minze

Den Honig, den Frischkäse, 75 g Kokosraspeln und 25 ml Sahne in einer Schüssel vermischen, zu einem Teig kneten und 1 Stunde kühl ziehen lassen. Den Rest Kokosraspeln beiseite und den Rest Sahne kühl stellen. Die Schokosoße mit Zucker und Milch nach Packungsangabe zubereiten. Den Rest Sahne halb steif schlagen. Die Kokosmasse aus dem Kühlschrank nehmen, in 12 Portionen teilen, zu Kugeln formen und in den restlichen Kokosraspeln wälzen. Etwas Schokosoße (nach Wunsch in Mustern) auf 4 Dessertteller geben und je 3 Kugeln darauf setzen. Die Sternfrüchte (Karambolen) waschen, trocknen und in Scheiben schneiden. Die Minze waschen, trocken schütteln und abzupfen. Beides zur Dekoration auf die Teller verteilen und mit der restlichen Schokosoße garnieren.

Karibische Rumkugeln

(20 Stück)
50 g Rosinen
1 EL brauner Rum
100 g dunkle Kuvertüre
75 g Butter
90 g Puderzucker
30 g Kokosraspeln

Die Rosinen in einer kleinen Schüssel abdeckt über Nacht im Rum ziehen lassen. Die Kuvertüre reiben und im Wasserbad oder der Mikrowelle schmelzen. Die Butter und den Puderzucker in einer Schüssel gut schaumig schlagen, die Kuvertüre mit 1 Esslöffel heißem Wasser hinein rühren, die Rumrosinen dazu geben und gut mischen. Die Schokomasse abdecken und 2 Stunden im Kühlschrank ziehen lassen. Aus dem Kühlschrank holen, mit einem Teelöffel Portionen abstechen und zu Kugeln formen. In einer kleinen Pfanne die Kokosraspeln trocken rösten und auf einen Teller geben. Die Rumkugeln darin wälzen und servieren.

Banana Fritters Jamaica
(Kleine Pfannkuchen)

(4 Portionen)
3 reife Bananen
1 Ei
50-80 g brauner Zucker
Mark von 1 Vanilleschote
(oder Vanillearoma)
1 Prise Muskat
½ TL Zimt
200 g Mehl
1 EL Backpulver
1 Prise Salz
200 ml Milch

Für die Beilage:
1 TL Honig
1 EL Zitronensaft
2 feste Bananen
80 g Zucker
1 TL Zimt
5-8 EL Öl

Die Bananen schälen und mit einer Gabel zerdrücken. Das Ei, den Zucker, die Vanille, Muskat und Zimt in eine Schüssel geben. Die zerdrückte Banane, das Mehl, das Backpulver, das Salz und die Milch hinzufügen und alles zu einem dickflüssigen Teig mischen. 4 Esslöffel Wasser erwärmen, den Honig darin auflösen, mit dem Zitronensaft mischen und abkühlen. Die Bananen in Scheiben schneiden und mit der Honigmischung beträufeln. Zucker und Zimt mischen. Das Öl in einer beschichteten Pfanne erhitzen und bei mittlerer Hitze portionsweise kleine Pfannkuchen goldbraun backen, auf Küchenpapier abtropfen und mit Zimtzucker bestreuen. Öl bei Bedarf nachfüllen. Die Pfannkuchen auf Desserttellern mit den Bananen garniert servieren.
Dazu passt Kompott (Kirschen, Waldbeeren) und Vanilleeis.

Banane Sartène (Gebratene Bananen)

(4 Portionen)
2-3 EL Butter
4 Bananen
Honig nach Geschmack
8 Kugeln Vanilleeis

Eine beschichtete, große Pfanne mit etwas Butter einfetten und erhitzen. Die Bananen schälen, längs halbieren und portionsweise darin goldbraun braten. Mit Honig nach Geschmack unter ständigem Wenden beträufeln. Mit den restlichen Bananen ebenso verfahren. Auf Desserttellern mit dem Honigsud anrichten und mit Vanilleeis sofort servieren.

Kokoskrokant

(1 Portion)
3 EL Zucker
4 EL Kokosraspeln

Den Zucker mit 2 Esslöffeln Wasser in einer Pfanne unter Rühren hellbraun karamellisieren und die Kokosflocken unterrühren. Die Mischung auf ein Backpapier gießen, abkühlen und fest werden lassen. Vom Backpapier lösen, zerkleinern und nach Wunsch weiter verwenden.

Ananas-Kokos-Marmelade

(4 Gläser à 250 ml)
20 g Ingwer
1 Ananas
6 Kiwis
¼ l Kokosmilch
1 Packung Vanillezucker
2 Packungen Zitronensäure
½ kg Gelierzucker 2:1

Den Ingwer schälen und reiben. Die Ananas schälen, halbieren und den holzigen Kern entfernen. Die Kiwis schälen und mit der Ananas würfeln. Alles in eine Schüssel geben. Die Kokosmilch, den Vanillezucker und die Zitronensäure hinzufügen, pürieren, gut mit dem Gelierzucker mischen, nach Bedarf mit Zucker abschmecken. Aufkochen und mindestens 10 Minuten köcheln. Die Gelierprobe machen, nach Bedarf weiter köcheln. Sterilisierte Twist-Off-Gläser auf ein feuchtes Tuch stellen und die Marmelade heiß hinein füllen. Die Gläser sofort verschließen und abkühlen lassen. Die Marmelade kühl aufbewahren und innerhalb von 9 Monaten verbrauchen.

Tipp: Das Fruchtfleisch kann statt Pürieren auch sehr fein gewürfelt werden.

Himbeer-Bananen-Marmelade

(4 Gläser à 250 ml)
2 reife Bananen
½ kg Himbeeren (frisch oder TK)
200 ml Kokosmilch
200 ml Orangensaft
½ kg Gelierzucker 2:1

Die Bananen schälen und mit den Himbeeren in einem hohen Topf pürieren. Die Kokosmilch, den Orangensaft und den Gelierzucker darunter mischen, unter Rühren aufkochen, 5 Minuten köcheln und die Gelierprobe machen. Die Marmelade heiß in sterilisierte Twist-Off-Gläser füllen, sofort verschließen und abkühlen. Kühl aufbewahren und innerhalb eines Jahres verbrauchen.

Caipirinha-Gelee

(4 Gläser à 250 ml)
10 unbehandelte Zitronen
6 unbehandelte Limetten
200 g Zucker
1 kg Gelierzucker 1:1
100 ml Zuckerrohrschnaps

Die Zitrusfrüchte heiß waschen und trocknen. Von 5 Zitronen und den Limetten die Schale abschälen und in dünne Streifen schneiden. 200 ml Wasser mit dem Zucker aufkochen und die Zitrusschalen 10 Minuten darin mitköcheln, dann abtropfen lassen. Alle Zitrusfrüchte auspressen und 700 ml Saft abmessen, nach Bedarf mit Limettensaft oder Wasser auffüllen. Den Saft mit dem Gelierzucker in einem großen Topf unter Rühren aufkochen und mindestens 4 Minuten sprudelnd kochen lassen. Den Schnaps und die gegarten Schalen darunter mischen. Aufkochen, die Gelierprobe machen, heiß in sterilisierte Twist-Off-Gläser füllen und sofort verschließen. Die Marmelade kühl aufbewahren und innerhalb eines Jahres verbrauchen.

Tipp: Werden die Gläser auf ein feuchtes Tuch gestellt, springen sie beim Füllen nicht so leicht. Beim Füllen muss der Rand unbedingt sauber bleiben, sonst schließt das Glas nicht dicht (evtl. mit einem feuchten Tuch gründlich abwischen und Rückstände vollständig entfernen).

Gelierprobe: Etwas Marmelade auf einen Teller träufeln. Den Teller schräg halten und die Marmelade zum Rand hin laufen lassen. Wird sie fest, kann sie in Gläser gefüllt werden. Bleibt sie flüssig, wird sie weiter gekocht.

Benjamin Hornigold

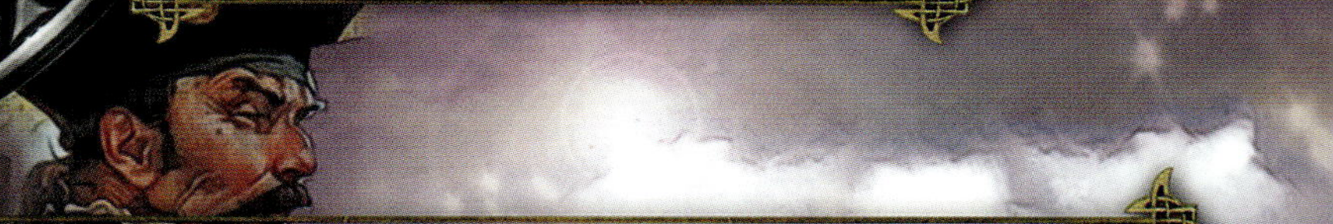

Hornigold war Kaperfahrer im Auftrag der britischen Krone und im Spanischen Erbfolgekrieg, zwischen 1716 und 1717, als Pirat aktiv. Er verließ New Providence zusammen mit „Blackbeard“ Edward Thatch in seiner Crew. Sie plünderten 1717 sechs Schiffe vor der amerikanischen Küste und gingen in der Karibik auf Beutezug. Am 28. November 1717 erbeuteten sie ein französisches Schiff voller Gold, Edelsteine, Sklaven und anderer Beute, die „Concorde“ unter dem Kommando von Kapitän Pierre Dosset. Hornigold übergab das Schiff an Blackbeard, der sie in „Queen Anne‘s Revenge“ umtaufte. Danach trennten sich ihre Wege. Vier Besatzungsmitglieder der „Concorde“ schlossen sich Blackbeard an. Weitere wurden von Blackbeard auf der Insel Bequia ausgesetzt. Die übrige Besatzung, unter ihnen der Koch, der Chirurg und der Lotse, wurden von Blackbeard in den Dienst gezwungen. Der Gesamtwert der Beute betrug über 1.000 Pfund. Hornigold ging daraufhin zurück nach New Providence. Als Woodes Rogers, ebenfalls früherer Kaperer, zum Gouverneur der Bahamas ernannt wurde, nahm Hornigold dessen Angebot eines königlichen Pardons an. Rogers beauftragte Hornigold, andere Piraten zu jagen, unter ihnen John Auger und Charles Vane. Im Jahr 1719 wurde Hornigold nach Mexiko auf eine Handelsreise geschickt. Dabei lief sein Schiff auf ein Riff fern der Küste und sank. Die gesamte Besatzung und Hornigold selbst fanden dabei den Tod.

Kokos-Limetten-Torte

(1 Torte)
Für den Boden:
3 Eier
100 g Zucker
3 EL Kokoslikör
70 g Mehl
60 g Kokosraspeln
2 TL Backpulver

Für die Creme:
6 Blatt Gelatine
4 unbehandelte Limetten
1 Packung Vanillepudding
120 g Zucker
¼ l weißer Traubensaft
1 Packung Vanillezucker
400 ml süße Sahne

Für die Garnitur:
2 EL brauner Zucker
300 ml süße Sahne
2 unbehandelte Limetten
3-4 EL Kokosraspeln

Den Backofen auf 175°C vorheizen, den Boden einer Springform (26 cm) mit Backpapier auslegen. Für den Boden die Eier, den Zucker und den Likör mindestens 3 Minuten weißschaumig schlagen. Das Mehl mit den Kokosraspeln und dem Backpulver mischen und unterheben. Den Kokosboden ½ Stunde goldbraun backen und aus dem Ofen nehmen. Den Boden entlang dem Springformrand mit dem Messerrücken lösen. Die Form auf ein Gitter stürzen und den Boden abkühlen lassen. Die Springform entfernen und das Backpapier vorsichtig abziehen.
Für die Creme die Gelatine 10 Minuten in Wasser einweichen. 2 Limetten waschen, trocknen und die Schale abreiben. Das Puddingpulver mit 4 Esslöffeln Wasser und 1 Esslöffel Zucker glatt rühren. Alle 4 Limetten auspressen. Den Saft mit der Schale, dem Traubensaft und dem Rest Zucker in einem kleinen Topf aufkochen, das Puddingpulver hinein rühren und einmal aufkochen. Die Gelatine tropfnass darin auflösen. Abkühlen und 40 Minuten kalt stellen. Sobald die Creme geliert, die Sahne steif schlagen und unterheben. Den Tortenboden auf eine Tortenplatte

setzen und einen Tortenring (oder den Ring der Springform) darum legen. Die Creme einfüllen, verstreichen und mindestens 3 Stunden in den Kühlschrank stellen. Den Tortenring entfernen. Für die Garnitur Zucker und Sahne steif schlagen und die Torte damit ringsum bestreichen. 2 Limetten waschen, trocknen und in dünne Scheiben schneiden. Die Kokosraspeln in einer Pfanne trocken anrösten und etwas abkühlen lassen. Die Torte mit Limettenscheiben, Kokosraspeln und nach Wunsch mit Zucker bestreut servieren.

Tipps: Sobald das Backpulver im Teig ist, muss er so schnell wie möglich in den Ofen. Statt Limettenschale kann auch geriebene Zitronen- oder Orangenschale als Backzutat verwendet werden. Die Limetten können für die Garnitur auch geschält und in Scheiben geschnitten werden.

Mojito-Torte

(1 Torte)
Für den Biskuitboden:
5 Eier
150 g brauner Zucker
150 g Mehl
50 g Speisestärke
1 TL Backpulver

Für die Füllung:
½ l süße Sahne
250 g Ricotta
2 Bund Minze
8 unbehandelte Limetten
220 g brauner Zucker
10 Blatt Gelatine
150 ml Rum

Zum Bestreichen:
200 ml süße Sahne
1 Packung Sahnesteif
2 EL brauner Zucker

Den Backofen auf 170°C vorheizen und eine Springform (26 cm) mit Backpapier auslegen. Für den Biskuitboden die Eier mit dem Zucker in einer Rührschüssel schaumig schlagen, bis der Zucker sich fast aufgelöst hat. Mehl, Stärke und Backpulver gut mischen und mit dem Schneebesen vorsichtig unterheben. Den Teig sofort in die Springform füllen und 30-35 Minuten backen. Dann aus dem Ofen nehmen und ringsum mit einem Messerrücken den Rand lösen. Die Form auf ein Gitter stürzen und den Boden abkühlen lassen. Das Backpapier vorsichtig abziehen und den Boden der Dicke nach dreiteilen: Dazu mit einem Messer erst ringsum 2 Rillen einritzen und ein festes Küchengarn in die obere Rille legen. Die Fadenenden überkreuzen und durch vorsichtiges Ziehen den ersten Boden abtrennen. Mit dem zweiten Boden ebenso verfahren. Für die Füllung die Sahne steif schlagen und den Ricotta mit dem Schneebesen unterheben. Die Minze waschen, trocken schütteln und die Blättchen abzupfen, einige für die Dekoration beiseite legen. Den Rest fein hacken. Die Limetten waschen und trocknen, 1 Limette beiseite legen. Von 2 Limetten die Schale abreiben. 7 Limetten auspressen. Den Saft mit dem Zucker, der Minze und der Schale mischen und unter die Ricottasahne heben. Die Gelatine 10 Minuten einweichen, tropfnass in einen Topf geben

und bei minimaler Hitze auflösen. Nach und nach 6 Esslöffel Ricottasahne hinein rühren, um die Temperatur anzupassen. Die Gelatinemischung zur Ricottasahne geben bis zum Gelieren und kalt stellen. Einen Tortenring um den ersten Biskuitboden legen und die Hälfte der Creme einfüllen. Den zweiten Boden darauf setzen, mit 75 ml Rum beträufeln, den Rest Creme darauf verstreichen und mit dem letzten Boden bedecken. Mindestens 4 Stunden kühl stellen, bis die Creme fest ist. Den Tortenring entfernen. Die Sahne und Sahnesteif steif schlagen. Den Rest Rum auf den obersten Boden träufeln. Die Torte mit der Sahne dünn bestreichen. Die einbehaltene Limette in sehr dünne Scheiben schneiden, die Torte damit und mit Minzblättchen garnieren und mit Zucker bestreuen.

Tipps: Während der Backzeit darf die Ofentür auf keinen Fall geöffnet werden. Der Tortenboden muss nach dem Backen noch etwas ruhen, damit er nicht zusammenfällt. Mojito ist ein Drink aus Zucker, Limetten, Zuckerrohrschnaps und Minze, schon von El Dragón (Sir Francis Drake) um 1570 gerne genossen.

Schokoladenpie Caribbean

(1 Torte)
Für den Teig:
200 g Mehl
50 g Zucker
1 Prise Salz
100 g kalte Butter,
Butter und Mehl
für die Form

Für den Belag:
200 g Walnusshälften
200 ml süße Sahne
2 TL Instant-
Kaffeepulver
350 g
Zartbitterschokolade

100 g Butter
3 Eier
1 Prise Salz
75 g Zucker
75 g brauner Zucker
75 g Mehl
25 g Kakaopulver
50 ml Rum

Für den Teig das Mehl mit Zucker, 1 Esslöffel Wasser und Salz in einer Rührschüssel vermischen. Die Butter würfeln, darauf verteilen und zu einem glatten Mürbteig kneten. In Alufolie wickeln und mindestens ½ Stunde kalt stellen. Eine Springform (26 cm) fetten und mit Mehl bestäuben. Die Arbeitsfläche leicht mit Mehl bestäuben. Den gekühlten Teig rund und etwas größer als die Form auswellen, in die Form legen, ringsum andrücken, dabei etwas hochziehen und einen Rand von mindestens 3 cm formen. Den Rand mit einem Teigroller oder Messer ringsum gerade abschneiden.

Für die Garnitur 12 Walnusshälften aussortieren, den Rest hacken. Für die Füllung die Sahne in einem Topf erhitzen und das Kaffeepulver darin auflösen. Die Schokolade grob zerkleinert dazu geben und unter Rühren schmelzen. Die Butter würfeln, hinein geben und schmelzen. Vom Herd nehmen und etwas abkühlen. Den Backofen auf 180°C vorheizen. Die Eier trennen. Die 3 Eiweiß mit 1 Prise Salz steif schlagen, nach und nach den Zucker einrieseln lassen und weiterschlagen, bis er sich auflöst. Die 3 Eigelb mit dem braunen Zucker in einer zweiten Rührschüssel schaumig schlagen, die Schoko-Sahne, das Mehl, den Kakao und den Rum hinein rühren, dann die gehackten Nüsse und den Eischnee unterheben. Alles in die Form auf den Teig geben, glatt streichen und mit den 12 Walnusshälften belegen. Mindestens 25 Minuten backen. Der Pie ist fertig, wenn Rand und Oberfläche fest, das Innere aber noch cremig ist.

Pan de Coco Vane
(Kokostaschen)

(10 Stück)
1 Packung Trockenhefe
60 g Zucker
200 g Mehl
1 Prise Salz
1 Ei
30 ml Milch
30 g Butter

Für die Füllung:
80 g Kokosflocken
40 g brauner Zucker
1 TL Zimt
40 g Butter
1 Eigelb

Die Hefe in einer kleinen Schüssel mit 1 Esslöffel Zucker und 4 Esslöffeln warmem Wasser 15 Minuten gehen lassen. Das Mehl mit dem Rest Zucker und Salz in einer Rührschüssel mischen. Das Ei in einer kleinen Schüssel verquirlen. Die Milch erwärmen und die Butter darin schmelzen. Ei und Hefe unters Mehl mischen, nach und nach die Milch zu einem glatten Teig unterkneten. Abgedeckt an einem warmen Ort mindestens 1 Stunde aufs Doppelte vergrößern lassen. Für die Füllung die Kokosflocken in einer Schüssel mit Zucker, Zimt und der geschmolzenen Butter ziehen lassen. Den Ofen auf 160-180°C vorheizen. Eine Arbeitsfläche mit Mehl bestäuben. Den Teig in 10 Portionen teilen, zu Kugeln formen, flach drücken und mit dem Rundholz ausrollen. In die Mitte der Teigkreise 1 Esslöffel Füllung geben, den Rand oben zusammenfassen und zudrücken. Die Päckchen mit dem Verschluss nach unten aufs Blech legen, leicht flach drücken und ½ Stunde an einem warmen Ort gehen lassen. Mit verquirltem Eigelb oder Dosenmilch bestreichen, mindestens 20 Minuten backen, abkühlen und servieren.

Pan de Coco
(Kokoskuchen)

(1 Kastenform)
75 g Butter
400 g Mehl, Mehl und Butter für die Form
2 TL Backpulver
250 g Zucker
150 g Kokosraspeln
2 TL Zimt
2 Eier
300 ml Milch
1 TL Vanillearoma

Eine Kastenform fetten und mit etwas Mehl bestäuben. Den Backofen auf 180°C vorheizen. Die Butter bei kleiner Hitze schmelzen und abkühlen. Das Mehl mit Backpulver, Zucker, Kokosraspeln und Zimt in einer Rührschüssel mischen. Eine Mulde hinein drücken. Die Eier, die Milch und das Vanillearoma in einer kleinen Schüssel schaumig schlagen, in die Mulde gießen, die abgekühlte Butter hinzufügen und alles unter Rühren gut mischen. Den Teig in die Form füllen und im Ofen mindestens 70 Minuten backen. Die Form aus dem Backofen nehmen und auf einem Gitter 5 Minuten ruhen lassen. Den Pan vorsichtig aus der Form nehmen, abkühlen und servieren.

Ananasschnitten La Concorde

(1 Blech)
Für den Rührteig:
250 g weiche Butter
200 g Zucker
1 Packung Vanillezucker
1 Prise Salz
4 Eier
½ kg Mehl
1 Packung Backpulver
125 ml Milch
Für den Belag:
340 g Ananas (frisch oder Dose)
100 g Butter
200 g Kokosraspeln
4 EL Ananaslikör
4 EL Ananassaft
100 g Pistazien
200 ml süße Sahne
1 Packung Vanillezucker

Den Backofen auf 200°C vorheizen. Die Butter mit Zucker, Vanillezucker und Salz in einer Rührschüssel schaumig rühren. Nach und nach die Eier unterrühren. Das Mehl mit dem Backpulver mischen und im Wechsel mit der Milch hinein rühren. Ein Blech mit Backpapier auslegen und den Teig darauf verstreichen. Für den Belag die Ananasstücke abtropfen und den Saft dabei auffangen. Die Butter bei mittlerer Hitze in einem Topf schmelzen, Ananasstücke und Kokosraspeln mit dem aufgefangenen Saft dazu geben, vom Herd nehmen, abkühlen, Likör und Ananassaft untermischen. Alles auf den Teig streichen, 40-45 Minuten backen (nach Bedarf 10 Minuten vor Ende der Backzeit die Temperatur reduzieren und den Kuchen mit Alufolie abdecken). Das Blech aus dem Ofen nehmen, den Kuchen abkühlen. Die Pistazien grob hacken. Die Sahne mit dem Zucker steif schlagen. Den Kuchen in rechteckige Stücke schneiden und mit Sahne und Pistazien bestreut servieren.

Kakao-Kokos-Pie

(1 Kuchen)
Für den Teig:
200 g Butter, Butter und Mehl für die Form
2 Eier
150 g Zucker
200 g Mehl
2 TL Backpulver
1 Prise Salz
200 ml Milch
75 g Kokosraspeln
50 g Kakaopulver
2 EL Rum

Für die Glasur:
100 g Zartbitterschokolade
2 EL süße Sahne

Die Butter schmelzen. Den Ofen auf 180°C vorheizen. Eine Springform fetten und mit Mehl bestäuben. Die Eier mit dem Zucker in einer Rührschüssel schaumig schlagen, nach und nach die Butter hinein rühren. Das Mehl mit Backpulver und Salz mischen und im Wechsel mit der Milch unterrühren. Den Teig halbieren, die eine Hälfte mit den Kokosraspeln, die andere mit Kakao und Rum mischen. Abwechselnd je 1 Esslöffel hellen und dunklen Teig nebeneinander in die Form setzen, mit einem feuchten Löffel glatt streichen und 25-35 Minuten backen. Die Form aus dem Ofen nehmen und den Kuchen 10 Minuten in der Form ruhen lassen. Auf ein Gitter setzen und vollständig abkühlen. Für die Glasur die Schokolade im Wasserbad (oder der Mikrowelle) schmelzen, die Sahne unterrühren, abkühlen, auf den Kuchen streichen und fest werden lassen.

Tipp: Der Kuchen kann nach Auftragen der Glasur auch mit Kokosraspeln garniert werden.

Mangokuchen New Providence

(1 Blech)
Für den Hefeteig:
½ kg Mehl
1 Packung Trockenhefe
1 Prise Salz
100 g Zucker
¼ l Milch
2 Eier
80 g weiche Butter
Für die Creme:
2 Dosen Mangos
100 g Marzipanrohmasse
200 g Butter
30 g Zucker
50 ml Joghurt
200 g Kokosraspeln

Das Mehl mit der Hefe, Salz und Zucker in einer großen Schüssel mischen. Die Milch in einem Topf erwärmen. Die Eier und die weiche Butter in die Schüssel geben. Das Ganze mit dem Knethaken des Handrührgeräts gut mischen. Die warme Milch unter ständigem Rühren nach und nach hinzufügen, bis ein geschmeidiger, glatter Teig entsteht, nach Bedarf die Milchmenge anpassen. Den Teig abgedeckt an einem warmen Ort 1 Stunde gehen lassen. Den Backofen auf 180°C vorheizen. Für den Belag die Mangos abtropfen und fein würfeln. Das Marzipan fein würfeln. Die Butter mit dem Zucker in einer Rührschüssel schaumig schlagen, Mangowürfel, Marzipan und Joghurt unterrühren, sodass eine cremige Masse entsteht. Den Teig in der Schüssel kurz durchkneten. Ein Backblech mit Backpapier auslegen, den Teig mit einem Rundholz darauf auswellen, die Mangocreme darauf verstreichen und ringsum einen Rand lassen. Mindestens 25 Minuten goldbraun backen, aus dem Ofen nehmen, mit Kokosraspeln bestreuen und abkühlen (dabei wird die Mangocreme fester). In Stücke schneiden und servieren.

Tipp: Die Kokosraspeln können vorher trocken angeröstet werden.

Blackbeard

Edward Thatch „Blackbeard“

Auch wenn er nicht der erfolgreichste war, er gilt wohl als berühmtester Pirat aller Zeiten, was wohl an seiner Erscheinung lag. Er trug einen langen, schwarzen Bart, der fast sein ganzes Gesicht bedeckte. Neben ein paar Dolchen und dem obligatorischen Säbel trug er drei Pistolen vor der Brust. Allein durch diese Erscheinung sollen manche Gegner schon aufgegeben haben.

Er war bekannt für seine Intelligenz. Als einer der wenigen Piraten konnte er lesen und schreiben und hatte eine gute Erziehung genossen. In jungen Jahren kam er in die Karibik, arbeitete als Händler und heuerte schon bald bei dem Piraten Benjamin Hornigold an. Er lernte das Handwerk schnell und wurde von seinem Kapitän dafür mit einem eigenen Schiff und einer kleinen Crew belohnt. Die beiden plünderten gemeinsam, bis Hornigold das Handwerk aufgab und Blackbeard die „Concorde“ überließ, die er mit 40 Kanonen aufrüstete und in „Queen Anne‘s Revenge“ umbenannte. Nach einer gemeinsamen Zeit des Plünderns und der Piraterie mit Stede Bonnet nahm auch Blackbeard eine Generalamnestie an, verkaufte alle Schätze und setzte sich in einem Haus zur Ruhe. Diese war jedoch nicht von Dauer. Er wurde des friedlichen Lebens schnell überdrüssig und begann aufs Neue, auf Beutejagd zu gehen. In einer Schlacht am 22. November 1718 wurde Blackbeard von der britischen Marine getötet.

Hawaii-Shake

(4 Portionen)
4 EL gehackte Ananas
4 EL Ananasdirektsaft
80 ml Erdbeersaft
4 EL Vanilleeis
½ l kalte Milch
1 Ananasscheibe
Minzblättchen

Die Zutaten außer der Ananasscheibe im Mixer kräftig mischen und in gekühlte, hohe Gläser füllen. Die Ananasscheibe vierteln, auf die Gläser stecken und mit Minzblättchen garniert servieren.

Smoothie Corsair

(2 Portionen)
1 kleine Papaya
100 ml Kokosdirektsaft (oder Kokosmilch)
200 ml Guavensaft
2 Spritzer Limettensaft
1 TL Karamellsirup
4 EL Crushed Ice

Die Papaya halbieren, entkernen, das Fleisch ausschaben und grob würfeln. Die Papayawürfel im Mixer oder portionsweise mit dem Pürierstab zerkleinern. Kokos-, Guaven- und Limettensaft sowie Sirup hinzufügen und gut mischen. Mit Crushed Ice servieren.

Smoothie Rogers

(4 Portionen)
300 ml Buttermilch
4 Scheiben Ananas
(Dose)
2 TL Kokosraspeln
1 TL Vanillezucker

Alle Zutaten pürieren, in Gläser füllen und servieren.

Mango-Bananen-Shake

(4 Portionen)
4 Bananen
½ kg
Mangofruchtfleisch
300 ml Joghurt

½ l Milch
2 TL Zimt
1 TL geriebener
Ingwer
200 ml süße Sahne

Die Bananen schälen, mit der Mango würfeln und in eine Schüssel geben. Mit Joghurt, Milch, Zimt und Ingwer pürieren und in gekühlte Gläser füllen. Die Sahne steif schlagen, darüber geben, mit etwas Zimt bestreuen und servieren.

Coconut Jolly Roger

(1 Portion)
20 ml Maracujasaft
20 ml Pfirsichsaft
20 ml Zitronensaft
60 ml Cream of Coconut
20 ml süße Sahne
4-5 Eiswürfel
¼ Pfirsich

Alle Zutaten außer dem Pfirsich mit den Eiswürfeln im Shaker mischen und in ein Longdrinkglas absieben. Das Glas mit dem Pfirsich garnieren und mit einem Trinkhalm servieren.

Gingerello

(1 Portion)
½ Limette
1 Stängel Minze
2 TL brauner Zucker
2 EL Crushed Ice
Ginger Ale zum Auffüllen
1 Limettenscheibe

Die halbe Limette in Scheiben schneiden. Die Minze waschen, trocken schütteln und abzupfen, einige Blättchen beiseite legen. Die Limettenscheiben mit Zucker und Minze in einem Glas zerdrücken, mit Crushed Ice und Ginger Ale auffüllen und mit Limettenscheibe und Minzblättchen garnieren.

Karibik Matey

(4 Portionen)
180 ml Orangensaft
180 ml Ananassaft
180 ml Cranberrysaft
100 ml Limettensaft
4 TL Grenadine
16 Eiswürfel
4 Orangenscheiben

Die Säfte mit Grenadine im Shaker mischen. Je 4 Eiswürfel in die Cocktailgläser füllen, mit dem Saft aufgießen, mit den Orangenscheiben und einem Trinkhalm garnieren.

Ingwerbräu

(4 Portionen)
250 g Ingwer
1 TL Reis
2 Nelken
40 g brauner Zucker
Saft von 1 Limette
etwas Vanilleextrakt

Den Ingwer schälen, die Hälfte in Scheiben schneiden, den Rest grob reiben. Den rohen Reis waschen und mit dem Ingwer und den Nelken in einen Drei-Liter-Behälter füllen. 2 Liter Wasser aufkochen, darüber gießen, abkühlen und 1-2 Tage im Kühlschrank ziehen lassen. Ab und zu die Mischung mit Zucker, Limettensaft und Vanilleextrakt abschmecken. Das Ingwerbier absieben und mit Eiswürfeln servieren.

Tipp: Zucker und Gewürze nach Geschmack anpassen.

Kuba Curaçao

(1 Portion)
1 Zitronenscheibe
1 Prise Muskat
2 Würfelzucker
8 Tropfen Curaçao
150 ml roter Madeirawein

Die Zitronenscheibe mit Muskat bestreuen. Den Zucker in einem kleinen Topf mit Curaçao und Madeira aufgießen, erhitzen, in ein Glas geben, mit der Zitronenscheibe garnieren und servieren.

Tipp: Madeira gibt es in verschiedenen Geschmacksrichtungen und Preisklassen. Von der günstigeren Rebsorte Tinta Negro Mole gibt es 4 Stufen. Bei den edleren Rebsorten (Sercial, Verdelho, Bual und Malmsey) macht die Sorte den Geschmack aus: von trocken über halbtrocken bis halbsüß und süß.

Caipirinha

(1 Portion)
1-2 Limetten
1-2 TL brauner Zucker
50 ml Zuckerrohrschnaps (Cachaça)
zum Auffüllen:
Crushed Ice
Lime Juice
Zucker

Die Limetten waschen, trocknen, achteln und über einem Glas ausdrücken. Die ausgedrückten Stücke im Glas mit dem Stößel zerdrücken, Zucker und Schnaps hinzufügen, mit Crushed Ice auffüllen, Lime Juice hinzufügen und nach Geschmack Zucker dazu geben. Das Ganze gut mischen und mit einem Trinkhalm servieren.

Kokos-Bananen-Eiskaffee

(4 Portionen)
480 ml heißer Kaffee
4 EL Kokosmilch
1 Banane
2 TL brauner Zucker
Eiswürfel

Kaffee und Kokosmilch in einer Rührschüssel mischen. Die Banane schälen, zerkleinern und mit dem Zucker dazu geben, pürieren, abkühlen und kalt stellen. 3-5 Eiswürfel in jedes Glas füllen, mit Eiskaffee auffüllen und servieren.

Kaffee Karibik

(4 Portionen)
1 unbehandelte Orange
120 ml süße Sahne
4 EL Rum
4 EL Orangenlikör
340 ml heißer Kaffee

Die Orange heiß waschen, trocknen, die Schale mit einem Sparschäler in Streifen abschälen und sehr fein schneiden. Die Sahne steif schlagen. Rum und Likör mischen, auf 4 Kaffeegläser verteilen, mit Kaffee auffüllen, mit der Sahne und der Schale garniert servieren.

Tipp: Es kann auch die Backzutat Orangenschale verwendet werden.

Kaffee Kuba

(4 Portionen)
2 Tassen Zucker
1 Prise Zimt
2 Eier
1 Tasse (oder weniger) weißer Rum
1 l Milch
4 EL Kakaopulver
1 Tasse starker Kaffee

1 Tasse Wasser mit dem Zucker erhitzen, diesen auflösen und abkühlen. Den Zimt hinzufügen. Die Eier, den Rum und die Milch mischen, Kakao, Kaffee und Zuckerwasser mit dem Handrührgerät unterrühren. Die Mischung 3 Stunden durchkühlen, in Gläser füllen und servieren.

Kaffee Tropical

(4 Portionen)
80 ml weißer Rum
je 4 Prisen Muskat und Zimt
4 Tassen starker Kaffee
Zucker nach Geschmack
100 ml süße Sahne

Den Rum mit den Gewürzen ziehen lassen. Den heißen Kaffee nach Geschmack süßen, in 4 hohe Gläser füllen und den Rum beifügen. Die Sahne schlagen und damit, mit Zimt und Longdrink-Löffeln garnieren.

Cap´ns Smoothie

(4 Portionen)
1 Banane
1 Glas Crushed Ice

60 ml Bananenlikör
60 ml Cointreau
120 ml süße Sahne

zum Garnieren:
1 Banane
Kokosraspeln

4 Cocktailgläser mindestens ½ Stunde kühlen. Die Banane schälen, in Scheiben schneiden, mit Crushed Ice, Likör, Cointreau und Sahne pürieren. Das Smoothie in die gekühlten Gläser füllen. Die zweite Banane schälen, in Scheiben scheiden, in den Kokosraspeln wälzen, auf 4 Cocktailspieße stecken und die Smoothies damit garnieren.

Hot Buttered Rum

(1 Portion)
1 TL brauner Zucker

60 ml Rum
½ TL Butter
4 Nelken

1 Prise Muskat
1 Stange Zimt

Die Zutaten in eine Tasse geben, mit 180 ml kochendem Wasser übergießen, mit der Zimtstange umrühren, kurz ziehen lassen und servieren.

Piña Colada

(1 Portion)
60 ml Rum
40 ml Cream of Coconut
100 ml Ananasdirektsaft
2 EL süße Sahne
Crushed Ice

Die Zutaten schaumig rühren. Ein bauchiges Glas zur Hälfte mit Crushed Ice füllen, mit der Rummischung auffüllen, umrühren und mit einem Trinkhalm garniert servieren.

Tipp: Piña Colada wird – mit 1 Löffel Grenadine – zu Pink Colada. Beide Cocktails können mit Cocktailkirschen, Ananasvierteln oder Babyananasscheiben auf Spießen garniert werden.

Frozen Banana Daiquiri

(1 Portion)
50 ml weißer Rum
30 ml Limettensaft
20 ml Bananenlikör
1 Banane
100 ml Crushed Ice

Alle Zutaten (auch das Eis) im Mixer verrühren, in ein bauchiges Glas füllen und mit einem Trinkhalm servieren.

Solero-Cocktail

(1 Portion)
80 ml weißer Rum
80 ml Orangensaft
120 ml Ananassaft
20 ml Kokossirup
40 ml Maracujasirup
40 ml süße Sahne
4-6 Eiswürfel
100 ml Crushed Ice

Die Zutaten außer Crushed Ice im Shaker mischen. Crushed Ice in eine bauchige Schale füllen, mit der Mischung aufgießen und mit einem Trinkhalm servieren.

Lava Flow Cocktail

(1 Portion)
6-8 Erdbeeren
(frisch oder TK)
Crushed Ice
25 ml weißer Rum
25 ml Malibu
Coconut Rum
25 ml Kokosmilch
50 ml
Ananasdirektsaft
(oder frische
Ananaswürfel)

Ein hohes Glas gut kühlen. Die Erdbeeren und 2-3 Esslöffel Crushed Ice im Mixer pürieren und in ein Gefäß mit Ausgießer füllen. Die restlichen Zutaten mit 4 Esslöffeln Crushed Ice im Mixer pürieren. Zuerst die Erdbeer- dann die Ananasmischung in dünnem Strahl genau in die Mitte des Glases gießen, sodass die Erdbeeren nach oben steigen und ein Lavamuster bilden.

Tipp: Statt Erdbeeren können auch Kirschen oder andere rote Früchte verwendet werden.

Karibischer Champagner

(1 Portion)
10 ml weißer Rum
1 Spritzer Angostura
10 ml Creme de
Bananes
Champagner
(oder Sekt) zum
Auffüllen
½ Scheibe Ananas

Rum, Angostura und Creme de Bananes in ein Sektglas geben, mit Champagner auffüllen, vorsichtig mischen und mit der Ananas garnieren.

Canchanchara

(1 Portion)
1 unbehandelte Limette
60 ml brauner Rum
20 ml flüssiger Honig
3 Eiswürfel

Die Limette waschen, halbieren, trocknen, eine Scheibe abschneiden und 30 ml Saft auspressen. Diesen mit den übrigen Zutaten in ein Glas füllen und den Honig darin auflösen. Mit der Limettenscheibe garniert servieren.

Mojito

(1 Portion)
½ TL weißer Rohrzucker
Sodawasser
1 unbehandelte Limette
2-3 Stängel Minze
Eiswürfel nach Geschmack
60 ml Rum

Den Zucker in einem Cocktailglas mit etwas Sodawasser bedecken. Die Limette waschen, trocknen, achteln und den Saft ins Glas ausdrücken. Die Limettenstücke im Glas noch etwas zerdrücken und alles gut mischen. Die Minze waschen, trocken schütteln und die Stiele (nicht die Blättchen!) mit dem Löffelrücken quetschen. Die Eiswürfel in einer Tüte zerschlagen und ins Glas füllen. Mit Rum und Sodawasser auffüllen, mischen und mit einem Trinkhalm servieren.

Karibischer Rumtopf

(4-6 Portionen)
½ kg Zucker
1 Flasche Rum (54 %)
125 ml Zitronensaft
3 große Mandarinen
2 weiche Mangos
½ kg Erdbeeren
1 Babyananas
2 Zimtstangen

Den Zucker mit dem Rum und dem Zitronensaft mischen und unter Rühren auflösen. Die Mandarinen mit einem Messer schälen, dabei die weiße Haut entfernen und die Filets auslösen. Die Mangos schälen, das Fruchtfleisch vom Stein lösen und würfeln. Die Erdbeeren waschen, putzen, halbieren beziehungsweise vierteln. Die Ananas schälen, putzen und in mundgerechte Stücke schneiden. Die Zimtstangen halbieren und mit den vorbereiteten Früchten in ein hohes Gefäß (oder Rumtopf) schichten. Die Zuckerlösung und den Rum darüber gießen, bis die Früchte mindestens fingerbreit bedeckt sind. Mit einem Teller beschweren, damit die Früchte nicht oben schwimmen. Das Gefäß mit einem Handtuch abdecken, mit einem Deckel oder Teller dicht verschließen und mindestens 3 Wochen kühl und dunkel ziehen lassen.

Karibische Nacht

(1 Bowlegefäß)
2 kleine Dosen Mandarinen
300 g gewürfelte, frische Ananas (oder 1 Dose Ananas)
100 ml Blue Curaçao
200 ml Ananasdirektsaft
750 ml Ananaswein
1 l Mineralwasser

Die Mandarinen abtropfen, mit Ananas und Blue Curaçao in ein Bowlegefäß geben, mischen und über Nacht ziehen lassen. Ananassaft und -wein hinzufügen und mindestens 3 Stunden gut durchkühlen. Mit Mineralwasser aufgießen, mischen und sofort servieren.

Ponche Crema

(4 Portionen)
1 Packung Vanillepudding
800 ml Milch
2-3 EL Zucker
2 Eigelb
½ Vanilleschote
¼ l Dosenmilch
180 ml Rum
Crushed Ice

Das Puddingpulver in mindestens 100 ml Milch auflösen, Zucker und Eigelb hinzufügen und gut mischen. Die Schote längs einritzen, mit dem Rest Milch in einem Topf aufkochen, das Puddingpulver unterrühren, einmal aufkochen und eindicken lassen. In eine Rührschüssel füllen und abgedeckt vollständig abkühlen lassen. Die Schote entfernen, Dosenmilch und Rum hinzufügen und mit dem Pürierstab schaumig aufschlagen. Schalenförmige Gläser zu einem Drittel mit Crushed Ice füllen, mit der Creme aufgießen und mit einem Trinkhalm servieren.

Tipp: Ponche Crema ist traditionell ein Weihnachtsgetränk, kann gut vorbereitet werden und schmeckt auch im Sommer gut. Die Gläser können mit frischer Ananas, Pfirsichhälften und Kokos garniert werden. Das Getränk kann abgewandelt werden, indem die Dosenmilch durch halb geschlagene Sahne ersetzt, das Eigelb weggelassen und Alkohol und Zucker nach Bedarf angepasst werden.

hall behold thy golden glow
now the truth where treasure lies
ntil such one does become I
and only then may riches fly
when two become one
and see eye to eye

Queen Anne's Revenge (Ingwerbier)

(2 Liter)
6 g Hefe
(oder Trockenhefe)
100 g Ingwer
1 kleine Limette
400 g Zucker
6 g Weinsäure
(aus der Apotheke)

Für die Hefemischung 200 ml Wasser erwärmen, die Hefe hinein krümeln und gut mischen. Den Ingwer schälen und in eine große Schüssel reiben. Die Limette waschen, trocknen, in dünne Scheiben schneiden, mit dem Zucker und der Weinsäure zum Ingwer geben. 1, 7 Liter Wasser aufkochen, darüber gießen und abkühlen lassen. Die Hefemischung unter das noch warme Bier geben und abgedeckt 2 Tage ziehen lassen. Die Mischung absieben, in Flaschen füllen, im Kühlschrank aufbewahren und innerhalb von 3 Tagen verbrauchen.

Rumlikör Nassau

(1 Liter)
340 ml Honig
670 ml brauner Rum
7 Sternanis
1 Zimtstange

Die Zutaten in einem verschließbaren Gefäß mischen, abdecken und mindestens 2 Tage kühl und dunkel ziehen lassen. Absieben, in Flaschen füllen, verschließen und nach Bedarf verwenden.

Kokoslikör

(1 Liter)
250 g geschälte
Kokosnuss
700 ml weißen Rum
75 g weißer Kandis

Die Kokosnuss in feine Streifen hobeln (oder raspeln), mit dem Rum und dem Kandis in eine große Flasche füllen, gut verschließen und kühl und dunkel mindestens 4 Wochen ziehen lassen. In dieser Zeit gelegentlich drehen und schütteln. Den Likör nach 4 Wochen durch ein Sieb gießen und 1 Tag ruhen lassen, bis sich eine Fettschicht bildet. Dann durch ein Tuch abgießen, die Fettschicht auffangen, in Flaschen abfüllen und nach Bedarf weiter verwenden.

Tipp: Die abgesiebte Rum-Kokosnuss kann zum Backen etc. weiter verwendet werden, ist aber nicht lange haltbar.

Ananaslikör

(1 Liter)
120 g brauner Kandis
½ Ananas
30 g Ingwer
Schale von 1 unbehandelten Zitrone
1 Minzstängel
840 ml Doppelkorn (32%)

Den Kandis in eine große, sterilisierte Flasche mit weitem Hals (Milchflasche) geben. Die Ananas schälen, putzen und fein würfeln. Den Ingwer schälen und in dünne Scheiben schneiden. Die Zitrone waschen, trocknen und mit dem Sparschäler dünn abschälen. Die Schale mit Ananas, Ingwer und Minze in die Flasche geben, mit Korn aufgießen, verschließen und kühl und dunkel mindestens 3 Wochen ziehen lassen, ab und zu schütteln. Den Likör durch ein Tuch absieben, in Flaschen füllen und nach Bedarf weiter verwenden.

Tipp: Liköre passen zu Mixgetränken, Kaffee, Desserts und können auch pur genossen werden.

Herdfeuer & Legenden
Odins Tafel
Nordische Küche, Helden und Mythen
OTUS
Herdfeuer & Legenden
Götterspeisen
Küche des Olymp, Helden und Mythen
OTUS
Herdfeuer & Legenden
Römische Gelage
Mediterrane Küche, Helden und Mythen
OTUS
Herdfeuer & Legenden
Gallische Gelage
Französische Küche, Helden und Mythen
Wildgerichte
Wildschwein mit Steinpilzen
Mittelalter
Donnerbrot
(1 Brot)
½ kg Roggenmehl
125 g braunes Mehl
ca. 400 ml Milch (wie das Mehl aufnehmen kann)
150 g Zucker oder Honig
Salz
1 Päckchen Hefe
Alle Zutaten gut mischen, durchkneten und gehen lassen. Den Ofen vorheizen auf 100°C. Den Teig in einer Backform sowie mit einer Tasse Wasser lange (2 Stunden?) und sehr dunkel backen. Dieses Rogbrod (Roggenbrot) wird auch „Hverbrod“ („Quellenbrot“) genannt, weil es traditionell zum Backen in Behältern in der Nähe heißer Quellen vergraben wurde.
Met Grundrezept
24
150

OTUS History

Kochbücher,
Format 15,3 x 21,5 cm, 136 Seiten, € 5,-

Götterspeisen ISBN: 978-3-03793-393-0
Gallische Gelage ISBN: 978-3-03793-394-7
Römische Gelage ISBN: 978-3-03793-396-1
Odins Tafel ISBN: 978-3-03793-397-8
Piratenschmaus ISBN: 978-3-03793-445-6
Mittelalterkücheküche ISBN: 978-3-03793-444-9

Impressum

Viele weitere Informationen findest du auf unserer Facebook-Fanpage:
www.facebook.com/otusverlag

Konzeption und Illustrationen: Eckhard Freytag
Text: Angela Freytag
Layout und Satz: Bärbel Bach

ISBN: 978-3-03793-445-6